SHORT ST(in)ORIES RUSSIAN

for Intermediate Learners

Read for pleasure at your level and
learn Russian the fun way!

OLLY RICHARDS

Series Editor
Rebecca Moeller

Development Editor
Tanya Linaker

First published in Great Britain in 2021 by John Murray Learning, an imprint of
Hodder and Stoughton.
An Hachette UK company.

Copyright © Olly Richards 2021

A CIP catalogue record for this title is available from the British Library.

Paperback ISBN: 978 1 529 36175 9
Ebook ISBN: 978 1 529 36176 6

3

Cover image © Paul Thurlby
Illustrations by D'Avila Illustration Agency / Stephen Johnson
Typeset by Integra Software Services Pvt. Ltd., Pondicherry, India
Printed and bound in Great Britain by Clays Ltd, Elcograf S.p.A.

John Murray Learning policy is to use papers that are natural, renewable and recyclable products
and made from wood grown in sustainable forests. The logging and manufacturing processes are
expected to conform to the environmental regulations of the country of origin.

Carmelite House
50 Victoria Embankment
London EC4Y 0DZ
www.johnmurraypress.co.uk

Contents

Don't forget
the audio!

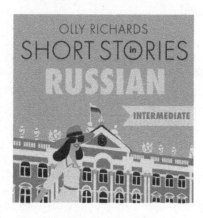

Listening to the story read aloud is a great way to improve your pronunciation and overall comprehension. So, don't forget – download it today!

The audio that accompanies this course is available to purchase from readers.teachyourself.com and download to the accompanying app.

For 50% off any purchase, use **audio50** at readers.teachyourself.com/redeem.

About the Author

Olly Richards, author of the *Teach Yourself Foreign Language Graded Readers* series, speaks eight languages and is the man behind the popular story-based language learning blog *StoryLearning.com* and YouTube channel of the same name.

Olly started learning his first foreign language at age 19 when he bought a one-way ticket to Paris. With no exposure to languages growing up, and no special talent to speak of, Olly had to figure out how to learn a foreign language from scratch.

Fifteen years later, Olly holds a master's in TESOL from Aston University as well as Cambridge CELTA and DELTA, and is regarded as an expert in language learning techniques. He collaborates with organizations such as the Open University and the European Commission, appears regularly across media worldwide, and runs one of the fastest-growing YouTube channels on language learning.

Olly started the *StoryLearning* blog in 2013 to document his latest language learning experiments. His focus on learning languages through story has transformed the blog into one of the most popular language learning resources on the web. Olly has always advocated that reading is one of the best ways to improve your language skills and he has now applied his expertise to create the *Teach Yourself Foreign Language Graded Reader*s series. He hopes that *Short Stories in Russian for Intermediate Learners* will help you in your language studies!

For more information about Olly and his blog, go to storylearning.com.

For more information about other readers in this series, go to readers.teachyourself.com.

Introduction

Reading in a foreign language is one of the most effective ways for you to improve language skills and expand vocabulary. However, it can sometimes be difficult to find engaging reading materials at an appropriate level that will provide a feeling of achievement and a sense of progress. Most books and articles written for native speakers are too difficult for beginner language learners to understand. They often have very high-level vocabulary and may be so lengthy that you feel overwhelmed and give up. If these problems sound familiar, then this book is for you!

Short Stories in Russian for Intermediate Learners is a collection of eight unconventional and entertaining short stories that are especially designed to help low-intermediate to high-intermediate-level Russian learners* improve their language skills. These short stories offer something of interest for everyone and have been designed to create a supportive reading environment by including:

➤ **Rich linguistic content in different genres** to keep you entertained and expose you to a variety of word forms.

---

* Common European Framework of Reference (CEFR) levels B1-B2

- **Interesting illustrations** to introduce the story content and help you better understand what happens.
- **Shorter stories broken into chapters** to give you the satisfaction of finishing the stories and progressing quickly.
- **Texts written especially at your level** so they are more easily comprehended and not overwhelming.
- **Special learning aids** to help support your understanding including:
  + *Summaries* to give you regular overviews of plot progression
  + *Vocabulary lists* to help you understand unfamiliar words more easily
  + *Comprehension questions* to test your understanding of key events and to encourage you to read in more detail.

So whether you want to expand your vocabulary, improve your comprehension, or simply read for fun, this book is the biggest step forward you will take in your studies this year. *Short Stories in Russian for Intermediate Learners* will give you all the support you need, so sit back, relax and let your imagination run wild as you are transported to a magical world of adventure, mystery and intrigue – in Russian!

How to Read Effectively

Reading is a complex skill. In our first languages, we employ a variety of micro-skills to help us read. For example, we might skim a particular passage in order to understand the general idea, or gist. Or we might scan through multiple pages of a train timetable looking for a particular time or place. While these micro-skills are second nature when reading in our first languages, when it comes to reading in a foreign language, research suggests that we often abandon most of these reading skills. In a foreign language, we usually start at the beginning of a text and try to understand every single word. Inevitably, we come across unknown or difficult words and quickly get frustrated with our lack of understanding.

One of the main benefits of reading in a foreign language is that you gain exposure to large amounts of words and expressions used naturally. This kind of reading for pleasure in order to learn a language is generally known as 'extensive reading'. It is very different from reading a textbook in which dialogues or texts are meant to be read in detail with the aim of understanding every word. That kind of reading to reach specific learning aims or do tasks is referred to as 'intensive reading'. To put it another way, the intensive reading in textbooks usually helps you with grammar rules and specific vocabulary, whereas reading stories extensively helps show you natural language in use.

While you may have started your language learning journey using only textbooks, *Short Stories in Russian for Intermediate Learners* will now provide you with opportunities to learn more about natural Russian language in use. Here are a few suggestions to keep in mind when reading the stories in this book in order to learn the most from them:

> **Enjoyment and a sense of achievement when reading is vitally important.** Enjoying what you read keeps you coming back for more. The best way to enjoy reading stories and feel a sense of achievement is by reading each story from beginning to end. Consequently, reaching the end of a story is the most important thing. It is actually more important than understanding every word in it!

> **The more you read, the more you learn.** By reading longer texts for enjoyment, you will quickly build up an understanding of how Russian works. But remember: in order to take full advantage of the benefits of extensive reading, you have to actually read a large enough volume in the first place. Reading a couple of pages here and there may teach you a few new words, but it won't be enough to make a real impact on the overall level of your Russian.

➤ **You must accept that you won't understand everything you read in a story.** This is probably the most important point of all! Always remember that it is completely normal that you do not understand all the words or sentences. It doesn't mean that your language level is flawed or that you are not doing well. It means you're engaged in the process of learning. So, what should you do when you don't understand a word? Here are a few steps:

1. Look at the word and see if it is familiar in any way. Remember to look for vocabulary elements from your first language that may be familiar. Take a guess – you might surprise yourself!
2. Re-read the sentence that contains the unknown word several times. Use the context of that sentence, and the rest of the story, to try to guess what the unknown word might mean.
3. Think about whether or not the word might be a different form of a word you know. For example, you might encounter a verb that you know, but it has been conjugated in a different or unfamiliar way:

> рисовать – to draw
> я рисую – I am drawing/I draw
> мы рисовали – we were drawing/we used to draw

You may not be familiar with the particular form used, but ask yourself: *Can I still understand the gist of what's going on?* Usually, if you have managed to recognize the main verb, that is enough. Instead of getting frustrated, simply notice how the verb is being used, and carry on reading. Recognizing different forms of words will come intuitively over time.

4. Make a note of the unknown word in a notebook and check the meaning later. You can review these words over time to make them part of your active vocabulary. If you simply must know the meaning of a bolded word, you can look it up in the vocabulary lists at the end of each chapter or in the glossary at the back of this book or use a dictionary. However, this should be your last resort.

These suggestions are designed to train you to handle reading in Russian independently and without help. The more you can develop this skill, the better you'll be able to read. Remember: learning to be comfortable with the ambiguity you may encounter while reading a foreign language is the most powerful skill that will help you become an independent and resilient learner of Russian!

The Six-Step Reading Process

In order to get the most from reading *Short Stories in Russian for Intermediate Learners,* it will be best for you to follow this simple six-step reading process for each chapter of the stories:

① Look at the illustration and read the chapter title. Think about what the story might be about. Then read the chapter all the way through. Your aim is simply to reach the end of the chapter. Therefore, *do not stop to look up words and do not worry if there are things you do not understand.* Simply try to follow the plot.

② When you reach the end of the chapter, read the short summary of the plot to see if you have understood what has happened. If you find this difficult, do not worry. You will improve with each chapter.

③ Go back and read the *same* chapter again. If you like, you can focus more on story details than before, but otherwise simply read it through one more time.

④ When you reach the end of the chapter for the second time, read the summary again and review the vocabulary list. If you are unsure about the meanings of any words in the vocabulary list, scan through the text to find them in the story and examine them in context. This will help you better understand the words.

⑤ Next, work through the comprehension questions to check your understanding of key events in the story. If you do not get them all correct, do not worry; simply answering the questions will help you better understand the story.

⑥ At this point, you should have some understanding of the main events of the chapter. If not, you may wish to re-read the chapter a few times using the vocabulary list to check unknown words and phrases until you feel confident. Once you are ready and confident that you understand what has happened – whether it's after one reading of the chapter or several – move on to the next chapter and continue enjoying the story at your own pace, just as you would any other book.

Only once you have completed a story in its entirety should you consider going back and studying the story language in more depth if you wish. Or, instead of worrying about understanding everything, take time to focus on all that you *have* understood and congratulate yourself for all that you have done so far. Remember: the biggest benefits you will derive from this book will come from reading story after story through from beginning to end. If you can do that, you will be on your way to reading effectively in Russian!

Вещий сон

Глава 1 – Бывают ли вещие сны?

«Так бы и треснула!» — подумала Женя о своём молодом человеке. Из-за него все собравшиеся за столом уставились на Женю. Она **укоризненно** посмотрела на Пашу. Он лишь улыбнулся в ответ. Маша, лучшая подруга Жени, посмотрела на неё и **усмехнулась.** У Макса, Машиного молодого человека и лучшего друга Паши, вид был явно **озадаченный.** Эдик и Лиза, их общие друзья, тоже **навострили уши.**

«И **приспичило** же ему всем рассказывать о моих снах!» — подумала Женя. Наконец она повернулась к друзьям и сказала:

— Да, это правда. — Ещё раз неодобрительно **покосившись** на Пашу, она начала объяснять: — Иногда я вижу сны о всяких **пустяках,** а на следующий день эти сны сбываются. Причём, как правило, ровно шесть часов спустя. Это происходит со мной сколько себя помню, но только когда снится какая-нибудь **ерунда.** Ничего важного не сбывается.

— Да ну? Например? — спросил Эдик.

— Скажем, когда мне было четыре года, мне приснилось, как со стола с грохотом упала ложка,

— сказала Женя. — На следующий день, когда мой отец произносил тост за праздничным столом, кто-то уронил ложку. Понятно, что звон упавшей ложки всех напугал. Получилось, что сон сбылся.

Вся компания рассмеялась. Все были **в недоумении**.

Макс внимательно посмотрел на Женю и сказал с улыбкой:

— Но это больше похоже на совпадение.

— И я так сначала думал, — прервал его Паша, продолжая говорить быстро и возбуждённо, — но затем Женя рассказала мне и о других снах, и я поверил. Я даже провёл эксперимент, и всё действительно сбылось!

— Провёл эксперимент? — спросил Макс. — Каким образом?

— Несколько месяцев тому я дождался, когда Женя проснётся, и попросил её рассказать мне о последнем запомнившемся сне. Женя сказала, что ей приснилась женщина, рассмешившая всех тем, что она **чихнула** аж 17 раз подряд! Затем я **засёк** шесть часов, и, действительно, когда мы обедали, какая-то женщина на другом конце зала начала чихать. Если бы она чихнула пару раз, то никто бы и не заметил. Но она чихала и чихала. Тогда я начал считать. Ровно 17 раз. Когда она наконец перестала чихать, весь ресторан **разразился смехом**. Было так смешно!

— Да уж, а несчастная женщина так **засмущалась**, что тут же встала и покинула ресторан, — сказала Женя, похлопав Пашу по плечу.

— Да что ты! — воскликнул Паша. — Мне кажется, что это здорово! Я так люблю рассказывать о подобных случаях!

— Паша, это тебе не фокусы, — сказала Женя. — Ты же знаешь, что я не люблю об этом **трубить**. Когда люди такое слышат, они думают, что я **с приветом**.

— Я совсем так не думаю, — запротестовала Лиза. — Напротив, я думаю, что это очень **круто**!

— Да, я тоже, — сказал Эдик.

— И я, — застенчиво промолвила Маша, улыбнувшись Жене. — Я всегда хотела обладать такими способностями!

— А бывает, что сны НЕ сбываются? — спросила Лиза.

— Да всё время, — подтвердила Женя. — По-настоящему страшные сны никогда не сбываются. Как и сны о каких-нибудь важных событиях, вроде выигрышного лотерейного билета. Сбываются только сны о всякой ерунде. Очень досадно, по правде говоря.

Последовала долгая пауза, во время которой все обдумывали сказанное. Затем Макс спросил:

— А ты не могла бы использовать этот дар для предсказания будущего или ещё чего-нибудь в этом роде?

Женя покачала головой, **предвосхищая** дальнейшие вопросы.

— Всё не так просто, — объяснила она. — Я до последнего момента не знаю, вещий ли это сон.

— Но откуда же ты тогда знаешь, что эти сны сбываются ровно шесть часов спустя? — спросил Макс.

— Когда мне было десять лет, я начала вести **дневник**, — стала рассказывать Женя. — Я записывала сны, а затем отмечала, сбылись ли они. Оказалось, что они сбывались примерно в одно и то же время суток. Когда я всё подсчитала, я поняла, что это происходит шесть часов спустя. Точнее 6 часов, 17 минут и 29 секунд спустя.

— Подожди... — сказал Паша, — ты мне никогда об этом не говорила. Так ты точно знаешь, когда сон сбудется?

— Ну, я так думала, когда мне было десять лет, — сказала Женя. — Но это было давно, да и эксперимент, **прямо скажем**, не был по-настоящему научным.

Все опять рассмеялись.

Макс с улыбкой посмотрел на Женю:

— Значит, нет никакой возможности **предсказывать** будущее? — спросил он.

— Никакой, — ответила Женя. — Иногда какие-то детали вызывают у меня ощущение **дежавю**. Это знак того, что сон сбудется. Но чувство дежавю появляется не раньше чем за час до происходящего, да и полное совпадение было лишь один раз. Чаще всего минут за пять до того, как сон должен сбыться, мной овладевает какое-то странное чувство. Тогда я просто сижу и жду. Как я уже сказала, всё это меня скорее раздражает, так как я не в силах ничего контролировать.

Все опять замолчали, а Женя улыбнулась, глядя на **оторопевшие** лица своих друзей. Она знала, что теперь они будут присматриваться ко всем её действиям и выжидать, когда же проявятся её удивительные способности. Паша хотел как лучше, а получилось как всегда ... Жене было неприятно оттого, что все на неё смотрят и думают о её вещих снах. Как-то по-дурацки всё вышло.

Вскоре ужин закончился, и все отправились по домам. Обычно Паша оставался с Женей после того, как все разошлись, и они разговаривали, но в тот вечер он не мог остаться подольше. На следующий день ему надо было рано выходить на работу, а **объект** находился на другом конце города.

Паша был **электриком.** Недавно его направили в новое офисное здание на севере города. Женя очень гордилась своим молодым человеком, и её радовало то, как развивались их отношения. Они встречались уже больше года, и Женя была от Паши **без ума.** Она была уверена, что он **отвечал ей взаимностью.** Поздно вечером, когда Женя ложилась спать, она думала о том, что Паша был бы замечательным мужем. Засыпая, она втайне надеялась, что вот-вот наступит тот прекрасный момент, когда Паша наконец **сделает ей предложение.**

Приложение к главе 1

Краткое содержание

Женя и её молодой человек Паша ужинают со своими друзьями. Паша рассказывает друзьям о том, что иногда Женины сны сбываются. Друзья задают вопросы, а Женя объясняет, что происходит с её снами. Она также добавляет, что сны о чём-то значительном никогда не сбываются. Она рассказывает о том, что сбываются только сны о мелочах, например, об упавших ложках или о чихающих людях. Друзья задают много вопросов, и Жене становится неловко. Ужин подходит к концу, и Паша уходит домой. Он электрик, и ему рано вставать на работу, так как новый объект находится на другом конце города. Женя засыпает, мечтая о том, что Паша сделает ей предложение.

Словарь

вещий сон dream that may come true

укоризненно (смотреть) to look reproachfully

усмехнуться (perf.) to grin, to smile

озадаченный puzzled, curious, confused

навострить уши to prick one's ears, to anticipate, to be curious

приспичить (кому-то — dat.) to have to do, to be dying to do something

покоситься (perf.) to give a dirty look

пустяк trifle, unimportant thing

ерунда nonsense, nothing important

недоумение surprise, confusion

чихнуть (perf.) to sneeze

засечь время (perf.) to set a timer

разразиться смехом (perf.) to burst into laughter

засмущаться (perf.) to feel embarrassed

трубить (imperf.) to make it known, to tout

с приветом (colloq.) queer, dotty

круто (informal) cool, great

предвосхищать (imperf.) to anticipate, to pre-empt

дневник diary, journal

прямо скажем frankly

предсказывать (imperf.) to predict

дежавю déjà vu, sense of recollection of a previous experience

оторопевший bewildered, surprised, confused

объект site, facility

электрик electrician

без ума (быть влюблённым) strongly, madly (in love)

отвечать взаимностью (imperf., кому-то — dat.) to reciprocate (one's feelings)

сделать предложение (perf.) to propose (marriage), to ask someone to marry you

Вопросы к тексту

Выберите один ответ на каждый вопрос.

1. Кто такой Паша?
   a. Женин брат
   b. Женин молодой человек
   c. Женин отец
   d. Женин лучший друг

2. Почему Женя не рада тому, что она обладает способностью видеть вещие сны?
    a. Сны не оказывают на неё влияния.
    b. Эти сны никогда не сбываются.
    c. Сбываются только сны о незначительных мелочах.
    d. Она хочет держать это в секрете от Паши.

3. Кому Женя предпочитает рассказывать о своих снах?
    a. Только Паше
    b. Только её друзьям
    c. всем
    d. никому

4. В каком возрасте Женя начала вести дневник, в котором она записывала свои сны?
    a. 10 лет
    b. 6 лет
    c. 17 лет
    d. 7 лет

5. Через какое время сбываются Женины сны?
    a. Ровно через 16 минут
    b. Примерно через 6 дней
    c. Примерно через 6 часов
    d. Ровно через 16 часов

Глава 2 – Дурное предчувствие

На следующее утро Женя проснулась вся **в поту**. В ушах стоял странный звон. Приснившийся сон был одним из самых страшных на её памяти. В здании, в котором находился Паша, произошёл пожар, и Паша не мог оттуда выбраться. Он оказался заперт в каком-то **подсобном помещении** вместе с какими-то двумя людьми. От огня шёл ужасный дым и жар. Затем раздался резкий металлический звук, как будто их накрыло чем-то тяжёлым.

Женя судорожно **глотала воздух** и пыталась успокоить **бешено** бьющееся сердце. Она посмотрела на часы. На них было 7:05. Паша наверняка был уже на работе, но она всё равно хотела ему позвонить.

— Алло! — Паша поднял трубку после двух гудков.

— Привет! Это я, — сказала Женя. — Я просто хотела услышать твой голос. Всё в порядке?

— Все хорошо, малыш, — ответил он. — Собираюсь. Предстоит много работы, да это и хорошо. Довольно скоро мне понадобятся деньги ... сама понимаешь.

У Жени заколотилось сердце. Интересно, это был **намёк** на то, что ему нужны деньги на **обручальное кольцо**? Она улыбнулась.

— Пашенька, я люблю тебя! — промолвила она.

— Я тоже тебя люблю, Женечка, — сказал Паша. — Увидимся после работы, хорошо?

— Договорились, ответила Женя. — Ты там поосторожнее.

— Конечно, — ответил он и повесил трубку.

Женя положила трубку и постаралась поскорее выбросить свой сон из головы. Ей не раз снились **кошмары**, и она знала, что они никогда не сбываются.

Женя встала и начала собираться. Через час она уже ехала на работу, потягивая кофе. Она всё еще думала об этом сне. Пашин новый объект находился на противоположном конце города, довольно далеко от поликлиники, в которой она работала медсестрой. Чтобы добраться туда через все **пробки**, потребуется не меньше часа, так что раньше вечера увидеться с Пашей не получится. Она старалась отогнать мысли о своём кошмаре, но никак не могла **с собой справиться**.

Был разгар эпидемии гриппа, поэтому утром в поликлинике был нескончаемый поток пациентов с высокой температурой. У Жени не было времени думать ни о снах, ни о чём-либо другом. Когда наконец наступил перерыв на обед, она была рада хоть ненадолго **расслабиться**. В **ординаторской** вместе с ней была еще пара медсестёр. Они все отдыхали в тишине ... до тех пор, пока Наташа не уронила ложку для супа. Упав на стол, металлическая ложка зазвенела.

Этот звон тут же вызвал у Жени ощущение дежавю. Как раз с подобным звоном в ушах она проснулась сегодня утром. Во сне этот звук означал, что что-то тяжёлое упало и накрыло Пашу во время пожара.

Женя посмотрела на часы. Было 12:07. Она пыталась припомнить, во сколько она проснулась: в 7:05. Хотя кошмары у неё никогда раньше не сбывались, **в глубине** души её **терзали сомнения**. А что, если на этот раз дурной сон сбудется? А что, если именно поэтому всю жизнь ей снилось так много снов? А что, если все эти сны вели к этому моменту?

На часах было 12:08. Женя быстро подсчитала, сколько времени у неё оставалось и поняла, что оставался один час и 14 минут. Она вскочила, схватила свою сумку и выбежала из ординаторской.

— Женя? — окликнула её одна из медсестёр. — Всё в порядке?

Женя ничего не ответила, выбежала из поликлиники и помчалась на парковку.

Когда Женя села в машину, она одной рукой набрала номер Паши, а другой **завела машину**. Один за другим последовали **гудки**, а затем включился **автоответчик**. Женя уже ехала.

— Паша, это я, — быстро сказала Женя, **продираясь** сквозь пробки. — Перезвони мне, пожалуйста, когда получишь это сообщение.

Она положила трубку на **въезде на трассу.** Было время обеденного перерыва, на дороге были **заторы**, но не такие, как вечером в **час пик.** Тем не менее, скорее всего потребуется не меньше часа, чтобы добраться до Паши.

Женя посмотрела на часы в машине. Они показывали 12:16. Она опять схватила телефон и набрала номер Макса, Пашиного друга. После трёх гудков она услышала его голос.

— Макс, привет! Это Женя, — сказала она.

— Привет, Женя, — ответил Макс, — Как дела?

— Нормально. Тебе сегодня утром Паша не звонил?

— Нет, — ответил он, — последний раз я с ним разговаривал вчера вечером. А что? Что-то случилось?

— Надеюсь, что ничего, — сказала Женя. — Просто он не ответил на мой звонок, когда я ему только что позвонила на работу.

— Ну, тогда я бы не стал беспокоиться, — сказал Макс. — На объекте довольно толстые **бетонные** стены. Наверняка сигнал туда не доходит.

— Скорее всего ты прав, — сказала Женя, — и всё-таки, если он тебе позвонит, сообщишь мне?

— Конечно, — пообещал Макс. — У тебя всё хорошо, Жень? У тебя голос какой-то не такой.

Женя не могла решить, нужно ли рассказывать Максу о своём страшном сне. После длинной паузы она решила всё рассказать.

— Мне приснился сон о том, что у Паши на объекте пожар, — сказала она. — Я знаю, что вчера вечером я сказала, что дурные сны у меня не сбываются, но этот никак не выходит у меня из головы. Так как мне сейчас никак не удаётся связаться с Пашей, я уже начинаю **сходить с ума.**

— Ничего себе! — воскликнул Макс. — Неудивительно. М-да.

— М-да? Это всё, что ты можешь сказать? Макс, ты живёшь в том же районе ...

— Да, точно, — ответил Макс. — Хорошо, я **подъеду** на объект и постараюсь найти Пашу.

— Спасибо, Макс, — сказала Женя. — Надеюсь, что там всё хорошо.

— Я тоже, — сказал Макс. — Не беспокойся, Жень. Всё с ним будет в порядке.

Женя положила трубку и снова посмотрела на часы. Было 12:22.

Первые полчаса почти не было заторов. Затем, примерно в восьми километрах от Пашиной работы, образовалась крупная пробка, и весь транспорт встал. Женя еще раз набрала Пашин номер, но он так и не отвечал. Она написала **смску** Максу, но и от него не было ответа. Она посмотрела на часы. 12:54. У неё оставалось 28 минут. После этого сон может сбыться.

У следующего **съезда с трассы** заторов не было, но Женя не знала, будет ли она двигаться быстрее или медленнее, если она сойдет с трассы. Она решила рискнуть и, перестроившись в крайнюю правую полосу, выехала на **обочину**, чтобы добраться до съезда. Пока Женя стояла на светофоре, она **забила в навигатор** адрес Пашиной работы. На экране появился новый маршрут. Однако он был проложен по **извилистым** местным дорогам. Как только загорелся зелёный, Женя **сорвалась с места**. В какой-то момент она ненадолго **застряла** из-за **дорожных работ**, но вскоре наконец добралась до места.

Она посмотрела на часы — 13:12. У нее оставалось 10 минут. Женя подбежала к входной двери. Как только она оказалась в коридоре, она почувствовала запах дыма! У неё упало сердце. Действительно произошёл пожар. Сон оказался вещим.

Приложение к главе 2

Краткое содержание

Жене приснился ужасный сон. Её молодой человек Паша не может выбраться из горящего здания. Она старается не думать об этом сне и отправляется на работу. Случайный эпизод на работе напоминает ей о сне. Она понимает, что, если сну суждено сбыться, у неё в распоряжении всего час. Женя звонит Паше, но он не отвечает. Она принимает решение поехать к нему на объект. По пути туда она звонит Максу и просит его проверить, всё ли в порядке. Женя едет через весь город. У неё мало времени, при этом она ещё застревает в пробке. Когда она добирается до места, она чувствует запах дыма и понимает, что сон может вот-вот сбыться.

Словарь

предчувствие (дурное) premonition, bad feeling

в поту in a sweat

подсобное помещение/подсобка (informal) utility room

глотать воздух (imperf.) to gulp the air

бешено madly, furiously

намёк hint

обручальное кольцо engagement ring, wedding ring

кошмар nightmare

пробка traffic jam

справиться с собой (perf.) to control one's feelings

расслабиться (perf.) to relax

ординаторская break room for doctors and nurses at hospitals and outpatient clinics

в глубине души deep down

сомнения (терзать кого-то - e.g. её терзали сомнения) to have doubts, to be worried about something

заводить машину (imperf.) to start a car

гудок ring, phone signal, beep

автоответчик voicemail

продираться (imperf.) to get through

въезд на трассу motorway ramp

затор traffic jam

час пик peak hour, rush hour

бетонный (adj.) concrete

сходить с ума (imperf.) to freak out, to go mad

подъехать (here =приехать, perf.) to come over

смска (informal) sms message

съезд (с трассы) motorway exit

обочина road side, road shoulder

забить в навигатор (perf.) to put the address into the navigation system

извилистый winding

сорваться с места (perf.) to race off, to dash

застрять (perf). to get stuck

дорожные работы roadworks

Вопросы к тексту

Выберите один ответ на каждый вопрос.

6. Во сколько Женя просыпается?
    a. 7:55
    b. 7:15
    c. 7:05
    d. 7:45

7. Где Женя работает?
   a. На стройке
   b. В ресторане
   c. В кафе
   d. В поликлинике

8. Что напоминает Жене обо сне?
   a. Кто-то роняет ложку.
   b. Телефонный звонок.
   c. Она пробует что-то странное на вкус.
   d. Она смотрит на часы.

9. Кому Женя звонит, после того, как она не смогла дозвониться до Паши?
   a. Маше
   b. Максу
   c. Эдику
   d. Лизе

10. Найдите в тексте следующие выражения, выделенные жирным шрифтом. Какие выражения НЕ являются синонимами?
    a. **сходить с ума** / беспокоиться
    b. **проснуться в поту** / паниковать
    c. **быстро колотиться (сердце)** / игнорировать, не обращать внимания
    d. **глотать воздух** / тяжело дышать

Глава 3 – Спасение!

Женя стояла в **фойе** здания. Она не знала, что делать. На Пашином объекте действительно произошёл пожар, и Паша был в опасности! Вдруг она услышала, как кто-то зовёт её по имени. Она обернулась и увидела подбежавшего к ней Макса.

— Макс! — проговорила она, испытывая облегчение от того, что он здесь. — Это правда! Мой сон оказался вещим. Чувствуешь запах дыма?

— Да, но ты не беспокойся, — сказал он, выводя её из здания. — Я застрял в пробке и добрался сюда всего несколько минут назад. Я оббежал вокруг здания. Дым валит с верхних этажей. Я вызвал пожарных. Они должны скоро прибыть. Не переживай! Я уверен, что они помогут Паше выбраться.

В этот момент **завыла** пожарная сигнализация. «Почему же так поздно?! — подумала Женя. — Все должны **эвакуироваться**. Паша должен эвакуироваться!». Женя посмотрела на часы — 13:13.

— Пожарные не успеют, — промолвила она. — У Паши осталось меньше 10 минут.

— Женя, спокойно, — сказал Макс. — Надо соображать. Что ты точно помнишь из своего сна?

— Я … я не знаю, — **всхлипнула** Женя.

— Давай же, вспоминай!

— Ладно, ладно. Там была какая-то кладовая, подсобка или что-то в этом роде, и он не мог оттуда выбраться.

— Это всё? Больше ничего?

Женя закрыла глаза и попыталась вспомнить, что ей приснилось. Перед ней был **электрощит**. Она вспомнила номер на щите — три.

— В подсобном помещении находится электрощит с номером три, — сказала она, открывая глаза. — Это всё.

Женя с испугом посмотрела на Макса.

— Третий этаж. Наверняка это на третьем этаже, — сказал Макс. — Побежали!

Женя с Максом забежали в фойе. Как раз в это время народ в панике выбегал из здания. Толпа людей оттеснила Женю и Макса от входа. Наконец толпа **поредела**, и Женя с Максом бросились внутрь здания. Женя побежала к лифтам, но Макс **тянул** её к лестнице.

— Во время пожара лифты не работают. Лучше поднимемся по лестнице.

Когда они открыли дверь на лестницу, их опять **оттеснила** толпа людей. Макс споткнулся и с воплем упал.

— Макс? Что такое? — окликнула его Женя.

— Нога! — прокричал он. — Кажется, я подвернул ногу.

Когда сбегающих вниз по лестнице поубавилось, Макс попытался подняться, но после первого же шага опять упал.

— А-а-а-а! — простонал он, — больно! Ничего не выйдет. Жень, мне туда вовремя не добраться. Придется тебе идти одной.

— Что?!

— Беги! У тебя получится. Я позову на помощь.

Макс подтолкнул Женю к лестнице и, **ковыляя**, направился обратно к фойе с криком «На помощь!». Женя в последний раз **смерила** его взглядом и побежала вверх по лестнице. Она еще раз посмотрела на часы — 13:18. У Паши оставалось четыре минуты.

Когда Женя добралась до третьего этажа и открыла дверь, коридор наполнился густым чёрным дымом. Она опустилась на **четвереньки** и **поползла.** Помимо густого дыма и жара, она слышала **оглушительный** рёв над головой. Женя продолжала передвигаться, **лихорадочно** пытаясь разглядеть хоть какие-то признаки подсобного помещения. Слёзы застилали ей глаза.

Через несколько мгновений, она нашла дверь подсобки. Она было почти на другой стороне коридора. Женя замолотила кулаками по двери.

— Паша! — закричала она, — ты там?

— Женя? — воскликнул Паша. — Как ты тут оказалась? Впрочем, неважно. Помоги нам отсюда выбраться. Мы застряли. Как только сработала пожарная сигнализация, **кодовый замок** заблокировался.

— Так, подожди, — сказала Женя, рассматривая замок на двери.

Это был электромагнитный замок, обеспечивающий **высочайший уровень защищенности**. Открыть его было невозможно. Женя посмотрела по сторонам в поисках инструмента, которым она могла бы взломать дверь. Наконец, на противоположной стене она увидела **топор** в **ящике для противопожарного оборудования**. Она подбежала к ящику, разбила стекло и вытащила топор. Дым к тому времени совсем сгустился, и она закашлялась.

Женя поползла обратно к шкафу. Глубоко вздохнув, она выпрямилась и ударила топором по дверной ручке. Один, два, три раза. Она продолжала взламывать дверь, но ничего не получалось.

Женя запаниковала. Она еще раз ударила топором и вдруг дверная ручка отвалилась. Женя бросила топор и надавила плечом на дверь. Дверь открылась! Женя упала на пол, но её тут же подхватили Пашины сильные руки.

— Я здесь, — сказал Паша. — Какая ты молодец! Но как ...?

Женя посмотрела на часы. Сквозь дым она увидела время, высветившееся на циферблате: 13:21.

— Паша, не сейчас! — закричала она. — У нас осталась всего одна минута.

Она опустилась на четвереньки и быстро поползла к выходу на лестницу. Паша с двумя коллегами последовали за ней. Через несколько секунд они услышали резкий металлический звон и последовавший за ним грохот. Крыша подсобки обрушилась.

Они продолжали ползком продвигаться по коридору, но дым был уже таким густым, что невозможно было найти лестницу.

В ужасе Женя закричала:

— Я ничего не вижу! Я не вижу, куда дальше идти!

— Я тоже! — отозвался Паша.

Неожиданно раздался голос Макса:

— Я слышу вас! Я на лестнице. Идите на звук моего голоса.

Женя поползла на звук его голоса. Дым был настолько густым, что она почти не могла дышать. Нестерпимый жар распространялся по спине и ногам. Такое ощущение, что она горела! Наконец они нашли лестницу. Женя **зашлась кашлем**, но по мере того, как она спускалась, дыма становилось меньше и меньше. Казалось, что они никогда не спустятся. Наконец они оказались на первом этаже.

Макс ждал их. Там же были и пожарные, помогавшие людям эвакуироваться из здания. На пожарных были **кислородные маски**. Один из них подхватил Женю и вынес её на улицу. Она оглянулась и увидела, что другой пожарный помогал Паше.

Женю и Пашу посадили в **скорую**. Когда им выдали по кислородной маске, до скорой доковылял Макс и сел рядом с ними в ожидании помощи.

После нескольких глубоких вдохов Паша снял маску и осмотрелся:

— А как вы там вообще оказались? — спросил он.

Макс посмотрел на Женю и улыбнулся.

— Женя позвонила мне и рассказала о том, что ей приснился сон о пожаре на твоём объекте. Мы решили на всякий случай проверить.

Паша посмотрел на Женю. Она слегка улыбнулась и потянулась к нему. Паша обнял ее и сказал:

— Я так этому рад. — Затем он взглянул на Женю: — Я люблю тебя, Женечка, — сказал он, вытирая **копоть** с её лица. — Ты спасла мне жизнь. И я точно знаю, что я хочу чтобы ты навсегда была частью этой жизни. Ты выйдешь за меня замуж?

До Жени не сразу **дошло**, что сказал Паша. Когда она это осознала, она **отстранилась** и посмотрела на него с удивлением:

— Что? Ты хочешь сделать мне предложение сейчас?! Да ты посмотри на меня! — воскликнула она, указывая на своё грязное лицо и одежду. — Это же должно быть особенным, уникальным моментом. Невозможно же … Я не могу поверить …

Макс с Пашей рассмеялись. Женя посмотрела на них и сама не смогла удержаться от смеха. Она перестала говорить, улыбнулась мужчине своей жизни, и они поцеловались. Через секунду они закашлялись и вновь натянули кислородные маски. Через некоторое время Женя опять сняла маску и обратилась к Паше:

— А ещё лучше время для **предложения** ты не мог найти?! — спросила она с улыбкой. — Да, я выйду за тебя замуж!

Приложение к главе 3

Краткое содержание

Женя на объекте Паши. Там действительно пожар. Возможно, её сон оказался вещим. Подъезжает Макс. Он вызвал пожарных. Женя думает, что пожарные не успеют приехать вовремя, поэтому они сами отправляются на поиск Паши. Затем Женя вспоминает, что ей приснилось число три. Они поднимаются на третий этаж. Макс подвернул ногу, поэтому Женя идёт на третий этаж одна. Она понимает, что Паша и ещё двое его коллег не могут выйти из подсобного помещения. Женя взламывает дверь, чтобы их выпустить. Все вместе ползут по коридору, ориентируясь на голос Макса. Позже, когда они приходят в себя, Паша делает Жене предложение. Женя соглашается, но шутит по поводу неудачно выбранного момента для предложения руки и сердца.

Словарь

фойе lobby of a large building

завыть (perf.) to blare

эвакуироваться (both perf. and imperf.) to get out, to be evacuated

всхлипнуть (perf.) to sob, to cry

электрощит electric cabinet

поредеть (perf.) to thin out

тянуть (imperf.) to pull

оттеснить (perf.) to push back

ковылять (imperf.) to walk with difficulty or with a limp

смерить (взглядом) to give a look, to size someone up

четвереньки (на четвереньках) on all fours

поползти (perf.) to crawl

оглушительный deafening, very loud

лихорадочно frantically

кодовый замок security lock

высочайший уровень защищенности top-level security protection

топор axe

ящик для противопожарного оборудования fire box

зайтись кашлем (perf.) to cough

кислородная маска oxygen mask

скорая (скорая помощь) ambulance

копоть smoke, soot, dirt

дойти (=понять) (perf.) to realise

отстраниться (perf.) to move away

предложение (руки и сердца) marriage proposal, hand in marriage

Вопросы к тексту

Выберите один ответ на каждый вопрос.

11. Когда Женя и Макс обсуждают дальнейший план действий?
    a. В 13:22
    b. В 12:12
    c. В 13:02
    d. В 13:13

12. Какая фраза из рассказа является достоверным ФАКТОМ, а не мнением?
    a. «Я уверен, что они помогут ему выбраться»
    b. «Во время пожара лифты не работают»
    c. «Такое ощущение, что она горела»
    d. «Казалось, что они никогда не спустятся»

13. Почему Макс не может подняться по лестнице?
    a. Он подвернул ногу.
    b. Он не может выбраться из фойе.
    c. Там слишком много людей.
    d. Женя попросила его остаться внизу и позвать кого-нибудь на помощь.

14. Каким образом Жене удаётся выпустить Пашу из подсобного помещения?
    a. Она отпирает дверь.
    b. Она взламывает дверь топором.
    c. Она открывает дверь пинком.
    d. Она вызывает пожарных.

15. Какая последовательность событий является правильной?
    a. Макс подворачивает ногу, Женя обнаруживает Пашу в подсобном помещении, приезжают пожарные, Паша делает Жене предложение.
    b. Макс подворачивает ногу, приезжают пожарные, Женя обнаруживает Пашу в подсобном помещении, Паша делает Жене предложение.
    c. Приезжают пожарные, Макс подворачивает ногу, Женя обнаруживает Пашу в подсобном помещении, Паша делает Жене предложение.
    d. Женя обнаруживает Пашу в подсобном помещении, приезжают пожарные, Макс подворачивает ногу, Паша делает Жене предложение.

Смелость города берёт

Глава 1 – Как попасть в ночной клуб «Роксана»

— Почему нам нельзя пройти? — спросил я у крупного мужчины, стоящего перед нами.

На нём был тёмный костюм. Он был очень высоким и крепко сложенным, и всем своим телом **преграждал** вход в ночной клуб «Роксана».

Из-за дверей раздавалась громкая танцевальная музыка, и нам очень хотелось там очутиться. За день до этого я потерял работу, и мне очень хотелось **отвлечься**, поэтому надо было непременно найти способ попасть в клуб. К тому же лишний стресс мне был совсем не нужен, а мужик этот меня прямо **бесил.**

— Извините, а почему это мы не можем войти? — повторил я.

Мне всегда была присуща настойчивость.

Парень был **вышибалой.** Его задачей было проводить фейс-контроль и определять, кого можно пропустить в клуб, а кого — нет.

Он посмотрел на свой список и нахмурился:

— Вашего имени нет в списке.

Я смерил его взглядом. Он был как минимум на голову выше меня.

— И как нам оказаться в **так называемом** «списке»? — спросил я.

Я пришёл со своими друзьями — Сёмой и Андреем. Нам так хотелось попасть в этот клуб, что мы приоделись по случаю и приехали с другого конца города. Таким популярным был клуб «Роксана»! Однако теперь охранник преграждал в него вход, и я хотел узнать почему.

Охранник ничего не ответил. Вместо этого, он посмотрел мне через плечо. За мной была длинная очередь. Он начал внимательно осматривать людей.

— Как мне пройти? — снова спросил я, пытаясь привлечь внимание щелчком пальцев.

— Никак, — ответил охранник.

Движением руки он пригласил следующего в очереди. Прошла красивая девушка. Когда я увидел её, у меня появилась идея.

— Подождите, подождите! Наши девушки уже в клубе. Они нас ждут.

Это было неправдой, но я надеялся, что вышибала купится на **уловку**. Андрей посмотрел на меня как на сумасшедшего.

— **Саня**, что ты делаешь? — прошептал он мне на ухо.

Андрей — привлекательный парень, но слишком уж **стеснительный**. Никогда не идёт на риск.

— Тихо! — прошептал я.

Я не хотел, чтобы охранник нас слышал. Но тот уже всё услышал. Он отвернулся.

— На полном серьёзе! — продолжал настаивать я. — Наши девушки уже там, и они нас ждут. Нам просто необходимо пройти.

Охранник приподнял красную бархатную верёвку и пропустил какую-то блондинку.

— Спасибо, Макс! — сказала она и улыбнулась, проходя мимо нас.

Я почувствовал запах её духов и попробовал было устремиться вслед за ней, но вышибала Макс остановил меня и покачал головой.

— Это правда, что ваша компания уже в клубе?— спросил он.

—Да, к тому же они наши *девушки!* Мы не будем создавать никаких проблем. Мы просто хотим встретиться с друзьями.

— Он имеет в виду с нашими *девушками,* — добавил Сёма.

Я улыбнулся. Молодчина, Сёма! Хорошо придумал.

Охранник явно сомневался. Он потёр бритый затылок и взял список.

— Хорошо. Как их зовут?

— Их ... зовут? — переспросил я.

— Ну да, их. — повторил охранник. — Как зовут ваших «девушек», «так называемых ваших девушек», — **передразнил** он.

— Э ... ммм.

Я не знал, как их зовут, так как их не существовало в природе.

— Гммм.

Я умоляюще посмотрел на Сёму. Молчание. Потом на Андрея. Тот засмущался и отвёл глаза. Я повернулся к охраннику, судорожно пытаясь что-нибудь придумать.

— Всё с вами понятно, — сказал вышибала.

Он усмехнулся и отодвинул меня в сторону.

— Следующий!

Мы с недоумением переглянулись. Что же теперь делать? Мы решили отправиться в соседнее кафе и выпить кофе.

— Какой идиотизм, Саш! — сказал Андрей, снимая пиджак.

По такому случаю он **принарядился.** С такой внешностью он мог бы быть актёром или моделью, но с таким отношением ... Он был слишком стеснительным и всегда боялся ввязываться во что-то необычное.

Мне было неловко, так как я был инициатором всей идеи. Всем было известно, что попасть в «Роксану» без предварительной брони нереально, а заранее забронировать там столик невозможно. Но всё же я решил **попытать счастья.**

Мы сели за столик. Официант был готов принять заказ. Семён заказал кофе с двумя шоколадными пончиками.

Семён был не таким, как Андрей. Он был значительно более **предприимчивым**, и **настрой** у него был оптимистичный. Он был готов на любые **авантюры**. К тому же Сёма любил сладости вроде пончиков и шоколада и был полноват, но это его ни капельки не смущало.

— Мне то же самое, пожалуйста, — попросил Андрей, — но пончики без шоколада.

— А вам? — спросил официант.

— А мне бы хотелось узнать, как попасть вон в тот клуб, — сказал я, указывая на «Роксану».

— В «Роксану»? — спросил официант. — Это невозможно. Нужна бронь или ... девушка. Красивым девушкам легче попасть в клуб. Они там всегда пользуются популярностью.

— Почему? — спросил Андрей.

— Потому что тогда туда потянутся и мужчины, и будут оставлять там больше денег.

Я кивнул и окинул его взглядом.

— Несправедливо.

Официант пожал плечами.

— Может быть, но такова жизнь. Если вы хотите попасть в «Роксану», то надо найти себе пару. Вы будете заказывать?

— Просто кофе с молоком. Без пончиков, — ответил я.

Когда официант ушёл, я посмотрел на своих друзей.

— Кто вообще ест пончики в десять вечера?!

Сёма с Андреем переглянулись:

— Мы! — ответили они хором.

Я вздохнул и скрестил руки на груди. Похоже, что в очередной раз субботний вечер я проведу с этой парочкой. Ну и дела!

Когда мы допили кофе и доели пончики, мы оплатили счёт и направились к выходу. В этот момент я заметил, что за столиком у окна сидели три девушки. Они уже поели и теперь просто болтали и смеялись.

— Ребята, смотрите! — сказал я, кивая в сторону девушек. — А что, если мы ...

— Нет, — ответил Андрей, не дав мне договорить. — Саша, пойдём уже домой.

— Андрюха, подожди. Что ты хотел сказать, Саня? — спросил Сёма. — Попробуем с ними поговорить?

Я пригладил волосы **пятернёй**.

— Ага. Почему бы нет? Я потерял работу. Я всего навсего хочу развлечься, ну может, потанцевать. Давай попробуем. Посмотрим, может они и захотят пойти с нами. Даже при самом **худшем раскладе** что с нами может случиться? Ничего страшного.

Андрей, оторопев, уставился на меня и воскликнул:

— Они могут отказать и **высмеять** нас. Вот что! Семён задел Андрея локтем.

— Да ладно тебе, Андрюх. Хватит вечно настраиваться на худшее. Саня прав. Мы можем их спросить. Может, они и захотят пойти с нами в «Роксану». Если мы туда попадём, они могут остаться с нами, а могут уйти, если им захочется. Так или иначе, мы окажемся в клубе и повеселимся.

Девушки наблюдали за нами. Одна из них, рыжеволосая, наклонилась через стол, прошептала что-то своим подругам, и те кивнули. Никто не улыбнулся.

Я очень нервничал, но решил не отступать от плана. Я подошёл к их столику. Мои приятели остались.

— Привет! Меня зовут Саша. Александр Бродский. Родственником поэта не являюсь, — неудачно пошутил я.

— Оно и видно,— сказала рыжеволосая, поднимая брови.

Подружки рассмеялись. Я засмеялся за компанию.

— Хотите пойти с нами в «Роксану»? — спросил я. — Охранник не хочет нас пускать, но мы думаем, что со своими девушками мы бы прошли.

Самая миниатюрная из них смерила меня взглядом и сказала:

— «Со своими девушками»? Мы даже с вами не знакомы!

—Я знаю. Но это **понарошку.** Мы просто войдем вместе, и если вы захотите пообщаться, то будем общаться, а если нет — спокойно разойдемся по своим делам. Ну давайте! Неужели вы не хотите хоть **одним глазком взглянуть** на «Роксану»?

Девушки посмотрели в окно. Перед клубом была длиннющая очередь. Они переглянулись.

— Ну, во-первых, мы-то можем туда попасть и без вас, — сказала рыжеволосая. — Но так и быть, мы вам поможем. У меня есть кое-какие связи.

Она посмотрела на подруг. Те рассмеялись и встали.

Рыжеволосая взяла меня под руку и добавила:
— Кстати, меня зовут Арина.

Приложение к главе 1

Краткое содержание

Александр (Саша) Бродский потерял работу. Вместе со своими друзьями Семёном и Андреем он отправляется в ночной клуб «Роксана», чтобы расслабиться. Молодых людей не пропускают, так как их имён нет в списке, и они пришли одни, без девушек. Друзья отправляются в соседнее кафе на кофе с пончиками. Там они знакомятся с девушками, которых они приглашают в клуб «Роксана» в надежде попасть туда вместе с ними. Сначала девушки смеются над молодыми людьми, но затем соглашаются пойти с ними.

Словарь

преграждать (imperf.) to block, to stop people or things from getting through

отвлечься (perf.) to get distracted, to get one's mind off

бесить (perf., colloq.) to annoy, to exasperate

вышибала bouncer

так называемый the so-called

уловка trick, ruse

Саня diminutive name for Alexander (Александр)

стеснительный shy

передразнить (perf.) to mimic, to mock, to make fun of

принарядиться (perf.) to dress up

попытать счастья (perf.) to try one's luck, to take a chance

предприимчивый adventurous, entrepreneurial

настрой attitude

авантюра risk, adventure

пятерня (colloq.) palm, high-five

худший расклад the worst case

высмеять (perf.) to make fun of someone, to mock

понарошку fake, make-believe, not for real

одним глазком взглянуть (perf.) to take a quick look, to
  look in

Вопросы к тексту

Выберите один ответ на каждый вопрос.

1. Почему Саша и его друзья не могут попасть в
   клуб «Роксана»?
   a. Они пришли слишком рано.
   b. В клубе уже и так слишком много народу.
   c. Охранник не хочет их пропускать.
   d. У них не хватает денег на вход.

2. Откуда у Саши появляется идея, как попасть в
   клуб?
   a. Он видит, как туда заходит красивая
      девушка.
   b. Он видит, как туда заходит красивый
      мужчина.
   c. Он видит, как туда заходит пара.
   d. Он видит кафе.

3. В чём разница между настроем Саши, Сёмы и
   Андрея?
   a. Саша и Андрей не особо настроены на
      развлечения, а Сёма очень хочет попасть в
      клуб.
   b. У Саши и Сёмы позитивный настрой, а у
      Андрея - обычно негативный.
   c. Сёма очень застенчивый, тогда как Андрей и
      Саша очень общительные.
   d. Ничего из вышеперечисленного.

4. Почему Андрей не хочет говорить с девушками?
   a. Уже поздно.
   b. Он боится опозориться.
   c. Он больше не хочет попасть в клуб.
   d. Ему не нравятся эти девушки.

5. Девушки ___.
   a. не могут попасть в клуб без молодых людей.
   b. рассердились, что их побеспокоили.
   c. сказали, что они помогут молодым людям.
   d. не хотят помочь молодым людям.

Глава 2 – В клубе

— Я поговорю с вышибалой, — уверенно заявил я, когда мы вшестером вышли из кафе.

— Нет, — сказала Арина. — Давай уж лучше я. Ты уже пытался, и ничего из этого не вышло.

Она мило улыбнулась, когда я пытался протестовать, а Сёма пихнул меня локтем:

— Арина права. Пусть она попробует.

Мы пошли **занимать очередь**. Неожиданно Арина схватила меня за руку и побежала прямо к охраннику. Остальные последовали за ней, хотя никто понятия не имел, что у неё был за план.

— Макс! — закричала Арина, помахав рукой. Она остановилась прямо перед носом у охранника. — Тебя же зовут Макс, да?

— Мы знакомы? — удивлённо спросил он.

— Ты должен был пропустить моего парня, — сказала она, указывая на меня. — В чём дело?

— Э-э … его не было в списке, — неуверенно проговорил охранник.

— В списке? Ты имеешь в виду этот **липовый** список? — спросила она, выхватывая у него **планшет.**

Он отвёл руку подальше от Арины и приподнял планшет, но она продолжала настаивать.

— Перестань **блефовать.** В этом списке имена ненастоящие.

— Да ты понятия не имеешь ... — демонстративно громко заявил бритоголовый Макс. Затем он наклонился поближе к ней, чтобы другие не слышали, и прошептал: — Ну а если и липовый, то что?

— Ты знаешь некую Роксану Бабаджан? — как ни в чём не бывало спросила Арина.

Макс покосился на неё:

— **Хозяйку** клуба? — пробормотал он.

— Ага, хозяйку, — тихо проговорила Арина.

Затем она засунула руку в сумку, вытащила оттуда свои права и показала их вышибале, который **вытаращил** от изумления **глаза**.

— Я — Арина Бабаджан, — представилась рыжеволосая. — Роксана — это моя мать.

— Мы прошли! **Крутизна** невероятная! — воскликнул я, откидывая волосы со лба. — Я понятия не имел, с кем я **имел дело**!

— Имел? — повторила Арина, подводя меня к барной стойке. — Имел и имеешь. Я же не перестала быть дочерью Роксаны. Что ты будешь пить?

Несколько посетителей безуспешно пытались привлечь внимание несчастного бармена, но, как только он увидел Арину, то сразу повернулся к ней.

— Рад тебя видеть! — сказал он, пытаясь перекричать музыку. — Что ты будешь?

— Колу! — ответила Арина, — и ... — она с ожиданием посмотрела на меня.

— Я тоже! — прокричал я.

— Что? — переспросил бармен. — Извини, друг, я не расслышал.

— Мне тоже колу! — **изо всей мо́чи** закричал я.

У меня было ощущение, что Арину удивил мой выбор.

— Ты что, не пьёшь?

— Да, не пью, — улыбнулся я. — Я просто хочу расслабиться и потанцевать.

Бармен принёс наши напитки, и мы направились к столику в углу.

— Твои друзья куда-то пропали, — сказала Арина, оглядываясь по сторонам.

— Один из них уже танцует, — кивнул я в сторону Сёмы.

Он уже лихо отплясывал с одной из Арининых подруг, с той, которую я про себя **окрестил Дюймовочкой**.

— Похоже, они неплохо ладят. Только посмотри на их лица!

— А где второй? — Арина снова обвела взглядом зал.

— Андрюха? Он ... — начал говорить я, оглядываясь по сторонам, — пропал!

Его нигде не было. Я достал из кармана телефон и проверил сообщения. От него пришла смска: «*Ребята, извините. Я решил пойти домой. Мне трудно общаться с новыми людьми*».

Вечно он так! Никогда не готов выйти из зоны комфорта!

— Э-э ... похоже, Андрей решил пойти домой, — объяснил я.

Арина улыбнулась и ничего не сказала. Я улыбнулся в ответ.

Неожиданно нас прервали.

— Эй! — позвала нас вторая подруга Арины.

Она не танцевала. Она подошла к нашему столу.

— Ну как?

— Где ты была? — спросила её Арина. — Это ты **напугала** Андрея? — пошутила она.

— Похоже на то, — рассмеялась девушка.

Она посмотрела на меня:

— Кстати, я забыла, как тебя зовут?

— Саша, — ответил я. — А тебя?

— Меня — Оля. А та, что танцует — Снежана. Вообще, ваш друг Андрей какой-то странный, — продолжала она.

— Он не странный, он просто стесняется, — объяснил я. — Как там в песне поётся «И танцую один, остальные стесняются ...»

— «Не надо стесняться, с музыкой, да?», — продолжила Арина. — Мне так нравится эта песня.

— Правда? Иван Дорн — один из моих самых любимых исполнителей.

— Мой тоже, — улыбаясь, сказала Арина.

Вот это повезло! Мало того, что она была красивой, у нее ещё и хороший вкус в музыке!

Оля взглянула на нас и хмыкнула. Она немного **расстроилась** из-за Андрея, но всё равно продолжала улыбаться.

— Ладно. Пойду я что-нибудь выпью.

Она пошла и уже на ходу бросила:

— Удачного **свидания**!

Я улыбнулся. Мне было приятно, что кто-то называет нашу встречу свиданием.

— Ещё раз спасибо за помощь, — сказал я. — У меня выдалась непростая неделя. Я потерял работу.

— Надо же, как жаль! — с **сочувствием** проговорила Арина. — А чем ты занимался? — **участливо** спросила она.

«Зачем я сказал ей о том, что я потерял работу? Она подумает, что я какой-то **неудачник!**» — спохватился я.

— Вообще-то я, — сказал я, решившись говорить правду, — вот этим и занимался, — и указал на барную стойку. — Я был барменом.

Арина прикусила губу, о чём-то задумавшись. Затем она улыбнулась и спросила:

— Ну как тебе «Роксана»? **Оправдались** твои **ожидания**?

Я посмотрел по сторонам. В клубе было дорогое музыкальное оборудование и освещение, огромные динамики на стенах. Профессиональный диджей крутил **классную** музыку, и на танцполе **яблоку негде упасть**. При этом, для тех, кому хотелось просто спокойно посидеть и поговорить, было достаточно столиков.

— Еще как! — ответил я. — Если бы я мог, я бы приходил сюда каждую неделю.

— Это что, **намёк**? — рассмеялась Арина.

— Да. Если ты готова прикидываться моей девушкой. Я бы непременно позвонил ... можно твой номер?

«Боже, что я за **ахинею несу**», — подумал я.

Арина лишь усмехнулась и протянула руку. Я было взял её за руку, но она остановила меня.

— Да нет, дай мне твой телефон.

— А ... — пробормотал я, от смущения **заливаясь краской**.

Я вручил ей телефон. Она взяла его и добавила себя в список контактов.

— Вот. Теперь у тебя есть мой номер, — сказала она с улыбкой, возвращая мне телефон. И тут же добавила: — Только никому его не давай. Это конфиденциально.

— Конечно! — пообещал я. Я тут же набрал номер, и её телефон засветился.

— Теперь у тебя тоже есть мой номер. И ты можешь его **раздавать направо и налево,** — пошутил я. — Я не против. Мне никто не звонит.

— Угу, — ответила Арина, — но у твоей мамы вроде нет ночного клуба? — спросила она, приподняв бровь.

— Нет, насколько мне известно, — рассмеялся я. — Слушай, я хотел тебе сказать ... Я понятия не имел, кто ты, когда я заговорил с тобой в кафе.

— Верю. Я знаю, что ты не пытался меня использовать.

— Ну, вообще-то я пытался, — признался я. — Я вас всех троих пытался использовать, лишь бы попасть в клуб, но, по крайней мере, я этого не скрывал.

На этот раз Арина засмеялась и отвернулась.

«Пора мне уже **заткнуться**», — подумал я.

Арина посмотрела на часы.

— Ну, мне скоро пора. Я пообещала соседке по квартире вернуться не позже одиннадцати.

— Жить надо для себя, а не для других, — важно **провозгласил** я. — Я это где-то читал.

Арина **прыснула**.

— Согласна на все 100 процентов, но моя соседка потеряла ключи от квартиры. Ты думаешь, можно оставить её **куковать** на улице, пока я тут общаюсь с тобой?

Я изобразил на лице полную невинность.

— Я не против.

— Как предсказуемо, — сказала она, вставая. — Мой номер у тебя есть.

— Ага, у тебя мой тоже, — поднялся я вместе с ней. Я хотел проводить её до входа. —— Посмотрим, кто первый позвонит. Можно **заключить пари**.

На минуту её лицо стало серьёзным.

— Никогда не заключай пари со мной или с моими родственниками, Саша! Мы никогда не проигрываем.

Она улыбнулась, неожиданно подмигнула и направилась к выходу. С чувством юмора у неё было всё в порядке, даже более чем, и, кажется, я ей понравился. Я последовал за Ариной, качая головой и не веря своему везению: как такое возможно?!

Приложение к главе 2

Краткое содержание

Саша с друзьями попадают в клуб «Роксана», воспользовавшись помощью Арины. Оказалось, что она является дочерью владелицы клуба, и девушка пользуется своим положением, чтобы пройти фейс-контроль. Саша и Арина разговаривают и веселятся, а Сёма танцует с подругой Арины, Снежаной. Андрей уходит, так как ему некомфортно в обществе новых людей. Оля, еще одна подруга Арины, говорит, что Андрей странный, и идёт заказывать себе напиток. Арина даёт Саше номер своего телефона. Она уходит рано, так как её соседка по квартире без ключей.

Словарь

занимать очередь (imperf.) to join the queue

липовый (colloq.) fake

планшет clipboard

блефовать (imperf.) to bluff

хозяйка (=владелица) owner

вытаращить глаза (perf.) to look wide-eyed

крутизна (slang) cool, awesome

иметь дело (imperf.) to deal with

изо всей мóчи as hard as one can, try really hard

окрестить (perf.) to give a nickname, to baptise

Дюймовочка Thumbelina (can be used to describe tiny or short people)

напугать (perf.) to scare

расстроиться (perf.) to get upset

свидание date

сочувствие compassion, sympathy

участливо with compassion, kindly

неудачник loser

оправдать ожидания (perf.) to meet someone's expectations

классный (colloq.) cool

яблоку негде упасть (idiom) packed, full

намёк hint

нести ахинею (imperf.) to talk nonsense, to say rubbish

заливаться краской (imperf.) to blush

раздавать направо и налево (imperf.) to give away to everyone

заткнуться (perf.) to shut up

провозгласить (perf.) to proclaim

прыснуть (perf.) to giggle

куковать (imperf.) to be stuck waiting (here)

заключить пари (perf.) to make a bet

Вопросы к тексу

Выберите один ответ на каждый вопрос.

6.   Арине удаётся уговорить охранника пропустить их в ночной клуб, ____.
   a. дав ему деньги
   b. ударив его по руке
   c. предъявив ему документ, который показывает, что клуб принадлежит её семье
   d. солгав ему

7.   Когда Саша говорит, что он потерял работу, какова реакция Арины?
   a. Это не вызывает у неё сочувствия.
   b. Она рада.
   c. Ей неловко.
   d. Она проявляет заботу и сочувствие.

8. Андрей отправляет Саше сообщение.
Андрей ___.
   a. ушёл с другим другом.
   b. на танцполе с девушкой, с которой он познакомился.
   c. ушёл один.
   d. хочет прийти и пообщаться с Сашей и Ариной.

9. Арина даёт Саше свой номер телефона, ___.
   a. записав его на салфетке.
   b. прошептав его ему на ухо.
   c. позвонив ему.
   d. добавив свой номер напрямую в Сашин список контактов.

10. Как вы думаете, что думает Саша об Арине под конец вечера?
   a. Арина интересная девушка, но с ней не очень весело.
   b. Он думает, что Арина недостаточно его интересует, чтобы с ней встречаться дальше.
   c. Он не интересует Арину, так как она уходит домой.
   d. Арина загадочная и интересная девушка.

Глава 3 – Дело не в везении

Я подождал три дня перед тем, как позвонить Арине. Эти три дня показались мне **вечностью**, но я выдержал.

— Ты проиграл, — заявила Арина, когда она подняла трубку.

— Мы же решили не **биться об заклад**, помнишь? — рассмеялся я. — Я хотел узнать: ты что сегодня вечером делаешь?

Помолчав некоторое время, Арина сказала:

— У родителей гости. Придёт несколько партнёров по бизнесу, и они будут обсуждать дела клуба.

— Ты тоже пойдешь? — спросил я.

— Да, потому что их интересует мнение молодёжи, — объяснила она. После недолгой паузы она добавила: — Может, тебе тоже к нам присоединиться?

Я засмеялся.

— Да ты что? Ты хочешь, чтобы я познакомился с твоими родителями? Да ещё и высказал своё мнение об их клубе? Не знаю, не знаю ...

Арина и не думала шутить.

— Да, я хочу, чтобы ты пришёл. А почему бы и нет? Я думаю, что ты честный и прямой человек ...

— Но ты же меня не знаешь! — возразил я.

— У меня хорошая интуиция, Саша. Мы можем встретиться в восемь?

Мы встретились около Арининого дома и поехали к её родителям на её машине. У них был огромный **особняк.** В нём было два этажа и, как минимум, двадцать комнат. Я посчитал по окнам.

— Что ты делаешь? — спросила Арина, подъезжая к дому.

— Окна считаю, — невинно ответил я.

— Зачем? — удивилась Арина.

— Не знаю. Пытаюсь угадать, где ванная, — поспешно ответил я.

«Блин, что за бред я несу!» — подумал я.

Я никогда раньше не был гостях у богачей, а теперь я собирался ужинать у богатых незнакомых мне людей, которые к тому же являлись родителями моей **пассии.** Как тут не нервничать!

Арина снова взглянула на меня, выгнув бровь.

— Не переживай! — сказала она, выбираясь из машины. — Просто будь самим собой.

— Что это вообще значит? — спросил я, в панике поглядывая на неё. — Люди вечно говорят: «Будь самим собой! Будь самим собой!» Конечно, я буду собой — только это не значит, что этот «сам собой» кому-то понравится.

— Хорошо. Успокойся, Саша. Не хочешь быть собой — будь кем-нибудь другим, — сказала Арина, покачав головой. Она закрыла дверь машины и добавила: — Ты как-то странно себя ведёшь.

— Извини. Весь вечер какой-то странный, — ответил я. — Просто я тебя не очень хорошо знаю и **переживаю,** как бы не **ляпнуть** какую-нибудь глупость. А уж что сказать твоим родителям — я понятия не имею.

Арина лишь улыбнулась в ответ и сказала:
— Расслабься. Кроме шуток, просто будь самим собой.

Она постучала в дверь. Через несколько минут дверь открыл **дворецкий.**

«Настоящий живой дворецкий! — подумал я. — Они еще не перевелись как **вид**?!»
— Здравствуй, Дживс! — поприветствовала его Арина, оглядываясь на меня.

«Не может быть! Не может быть, чтобы в придачу ко всему, у них ещё и дворецкий по имени Дживс!» — чуть было не сказал я, но, к счастью, **сдержался**.
— Очень смешно, миледи, — рассмеялся дворецкий. — Проходите, добро пожаловать, господин ....?
— Здравствуйте! Я — Александр Бродский, — представился я, протягивая руку.

Дворецкий пожал мне руку и, объяснив, что его зовут Пётр, а совсем не Дживс, провёл нас в просторную гостиную. На диванах уже сидели гости. Там было человек десять. Двое из них встали и подошли к нам с Ариной.
— Здравствуй, солнышко! — сказала красивая женщина. Она была похожа на Арину, только постарше. — Это твой новый друг? — спросила она, повернувшись ко мне. — Я — Роксана, представилась она, улыбнувшись.

— Очень приятно. Я — Саша, — сказал я.

Я протянул руку, но она её не пожала. Вместо этого она приблизилась и крепко обняла меня.

— Добро пожаловать, Саша!

Привлекательный мужчина с седеющими волосами подошёл вслед за ней:

— Что я могу сказать? Моя жена предпочитает обниматься, — объяснил он. — А я просто обойдусь рукопожатием.

Рукопожатие у него было железным.

— Я — Аринин отец, — сказал он, улыбаясь. — Меня зовут Ипполит Матвеевич.

Я вспомнил, как Арина пошутила по поводу имени дворецкого и подумал, что её отец тоже шутит.

— Вас зовут Ипполит Матвеевич? Ну да, конечно, — я расхохотался. — Какой вы шутник! «Я — Ипполит Матвеевич, **предводитель дворянства**» — продолжал я. — Или Киса. Ой, не могу! Очень смешно, но больше вы меня не **проведёте**! — я никак не мог остановиться.

Затем я посмотрел на Арину. Она не смеялась.

— Нет, это не шутка, — сказала Арина. — Моего папу действительно зовут Ипполит Матвеевич. Для друзей — просто Ипполит.

Роксана громко расхохоталась.

— Мне нравится твой друг, Ариша, — сказала она. — С ним не соскучишься. Садитесь, Саша. Давайте поговорим.

Мы с мамой Арины немного поговорили в гостиной. После этого мы все перешли в столовую, где был подан восхитительный карп с овощами. После ужина все стали обсуждать ночной клуб.

— Итак, Саша. Какие у Вас впечатления от клуба? — спросила Роксана.

— Мои впечатления? — переспросил я, нервно оглядываясь. — Ну, сначала приходится иметь дело с охранником. Он не грубил, но его «список» — явно липовый.

— Вы думаете, что список приглашенных липовый? — с ухмылкой спросила Роксана. — Почему Вы так думаете?

Мы с Ариной переглянулись.

— Мам, я сказала ему, что он был ненастоящим. Роксана рассмеялась.

— Ну да, тут вы меня **подловили**. Очень многие хотят попасть в клуб, — объяснила она, расправляя подвеску на вороте блузки, — приходится ограничивать вход. Невозможно всех впускать. Просто даже места не хватит.

— Есть и ещё одна **веская** причина, — сказал отец Арины, взглянув на жену. — Некоторые не прочь попасть в клуб, но они не хотят оставлять там деньги. Некоторые приходят с целью потратить деньги. В конечном счёте, это всё же бизнес. Мы предпочитаем клиентов с деньгами. Предполагается, что охранник выбирает подходящих людей.

Роксана нервно улыбнулась. Было очевидно, что она не любит говорить о деньгах.

— А что Вы думаете о внутреннем устройстве клуба? — продолжала расспрашивать Роксана. — Вам понравилось?

Я припомнил несчастного бармена. Он хорошо работал, но у него было слишком много клиентов. Я сам был барменом и знал, какая это нелёгкая работа.

— Ну, обстановка мне понравилась, — начал я, — но вам требуется еще один бармен у стойки, — закончил я, набираясь уверенности. — Тому парню явно было тяжело. У него было слишком много клиентов. Была огромная очередь, и он не **справлялся**. Мне было жаль его.

— Согласна, — ответила Роксана. — Это самый первый бар у входа, поэтому он всегда переполнен. Нам никак не удаётся найти ещё одного хорошего бармена. Никто из них дольше нескольких дней не задерживается. Слишком большая **нагрузка**. Вы случайно не знаете хороших барменов, ищущих работу?

Я посмотрел на Арину. Она улыбнулась во весь рот и энергично закивала.

— Вообще-то да, — решился я. — Я знаю прекрасного бармена, который ищет работу. Он надёжный, **хваткий** и **смышлёный**.

Роксана вопросительно подняла брови:
— И кто это?
— Я, — уверенно ответил я. — Бьюсь об заклад, что я мог бы быть огромным **подспорьем** в вашем клубе.

Арина добавила, продолжая сиять улыбкой:

— Мам, и этот заклад того стоит!

К концу месяца моя жизнь круто изменилась. У меня появилась новая работа, и работа эта была в ночном клубе «Роксана»! Моя новая девушка, Арина, навещала меня там почти каждый день. У меня появились новые друзья: бармен Денис; и даже с вышибалой Максом я подружился. Сёма и Андрей не могли поверить такому повороту событий.

— Тебе невероятно повезло, Саня, — воскликнул Андрей, когда я рассказывал ему о том, что недавно произошло. Он с изумлением покачал головой: — Со мной такого никогда не происходит, — продолжал он. — Я не такой **везунчик**, как ты.

— Везунчик? — переспросил я, вытаращив глаза от удивления.

Он сидел рядом с Сёмой и Сёминой девушкой Снежаной. Мы с Ариной сидели напротив, держа друг друга за руку. Все мы находились в VIP зоне.

Я обвёл взглядом зал и сказал:

— Ты ошибаешься, друг мой. Везение тут **ни при чём**. Нужны смелость и **упорство**. В тот субботний вечер ты **опустил руки** и отправился домой, а мы с Сёмой не **упали духом**. Мы сделали всё, что от нас зависело, и нам досталось по заслугам. Упорство и смелость в нашей жизни вознаграждаются.

— К счастью, — рассмеялась Арина, — у Саши и того, и другого **хоть отбавляй**!

Приложение к главе 3

Краткое содержание

Через три дня после знакомства Саша звонит Арине. Она знакомит его со своими родителями и спрашивает его мнение о ночном клубе. Саша находится под впечатлением от особняка Арининых родителей. К тому же он очень нервничает. Во время ужина Роксана просит Сашу поделиться впечатлением от клуба. Он говорит о том, что клубу требуется еще один бармен. Затем он объясняет, что у него есть опыт работы барменом. Роксана предлагает ему работу. В конце месяца Саша описывает удачное развитие событий в своей жизни. Его друг Андрей говорит, что Саше просто невероятно повезло. Саша объясняет ему, что такое везение — результат проявленного упорства в достижении цели.

Словарь

вечность eternity

биться об заклад (imperf.) to bet

особняк mansion

пассия girlfriend, crush

переживать (imperf.) to be nervous, to worry

ляпнуть (colloq., imperf.) to blurt out, to say something without thinking

дворецкий butler

вид species

сдержаться (perf.) to control oneself, to refrain from doing or saying something

предводитель дворянства marchal of nobility (a reference to one of the main characters in the famous Ilf and Petrov's novel The Twelve Chairs)

провести кого-то (perf.) to trick someone
подловить кого-то (perf.) to catch someone out
веская причина a good reason
справляться (imperf.) to cope, to manage
нагрузка load, job
хваткий quick, sharp
смышлёный smart, quick to learn
подспорье help, someone very helpful
везунчик (colloq.) a lucky one
ни при чём nothing to do with
упорство persistence
опустить руки= упасть духом (perf.) to give up
хоть отбавляй (colloq.) plenty

Вопросы к тексту

Выберите один ответ на каждый вопрос.

11. Арина приглашает Сашу ___.
    a. на ужин у неё дома
    b. потанцевать вечером в ночном клубе «Роксана».
    c. на ужин у её родителей.
    d. на собеседование с её матерью.

12. Александр нервничает ___.
    a. перед встречей с Арининым родителями.
    b. перед следующим свиданием с Ариной.
    c. перед тем, как ехать с Ариной на машине.
    d. потому что у него нет работы.

13. Почему Арина называет дворецкого её родителей Дживсом, когда представляет его Саше?

    a. Она шутит.
    b. Дворецкого действительно зовут Дживс.
    c. Дворецкого зовут Макс, но ему не нравится это имя.
    d. Ничего из вышеперечисленного.

14. Когда Роксана знакомится с Александром, она ____.

    a. пожимает ему руку.
    b. представляет его своему мужу.
    c. смеётся над ним.
    d. обнимает его.

15. Когда Саша говорит о ночном клубе, он в первую очередь говорит о том, что он _____.

    a. изменил бы его название
    b. нанял бы еще одного бармена
    c. не верит, что существует список приглашенных
    d. хочет там работать

Проклятый город

Глава 1 – В поисках приключений

— Вы можете отправляться на поиски **приключений**, — отрезал Ари, — а я останусь дома!

— Нет уж! Ты пойдешь с нами!

Дензa попыталась приподнять Ари. Он пнул её по коленке, и Дензе пришлось отпустить его. Ари было 80 лет. Он был крепким парнем. Однако Ари был не человеком, а сильвоком. У него были длинные седые волосы и длинные **морщинистые** пальцы, но по меркам сильвоков он был совсем молодым: можно сказать, подростком в пересчёте на человеческие годы.

— Нет, я останусь дома, — повторил Ари. — Я не передумаю. Я не хочу **пускаться в авантюры**. Мир — опасная штука. Не нужны мне никакие **сокровища**, и я не хочу ни с кем воевать. Придержи свои фантазии при себе, Дензa.

Дензa подняла свои волосатые руки вверх:

— Я **сдаюсь**! Как хочешь. Вот **зануда**! А нам с Луммпом нужны **острые ощущения**. И мы их найдем! — воскликнула она.

Дензa тоже была сильвоком, но, в отличие от большинства сильвоков, она была шумной и озорной. Поэтому она и любила общаться с Луммпом. Луммп был светичем. Светичи любили путешествовать; они были падки на авантюры, золото и сокровища. Самым любимым занятием светичей был поиск сокровищ. Неудивительно, что предложение Дензы отправиться на поиск сокровищ показалось Луммпу таким привлекательным.

Никто точно не знал, сколько лет было Луммпу. Он любил поговорить, но никто его толком не понимал. Он не говорил по-сильвокски, но, как ни странно, мог немного писать на их языке. Поэтому он всегда носил с собой блокнот и **изъяснялся** при помощи записей.

Пока Денза говорила, Луммп смотрел в окно. Вдруг он начал **судорожно** писать в своём блокноте. Луммп показал написанное Ари.

«Ари, — говорилось в записке, — ты можешь остаться дома».

— Спасибо! — сказал Ари. Он посмотрел на Дензу. — Вот видишь! Луммп согласен со мной. Хватит приключений на нашу голову.

«Я не согласен», — написал Луммп.

Он показал на окно. Издалека виднелось облако пыли и скачущие лошади. Ари разглядел **всадников.**

«Люди! — подумал он. — Глазам своим не верю!»

— А-а! Понятно! — проговорила Денза, улыбаясь. — Нам не надо пускаться на поиски приключений, так как приключения сами нас нашли.

Лумпп неторопливо кивнул головой и продолжал смотреть в окно.

Ари, Денза и Луммп выбежали на улицу. Все жители их небольшого городка уже были там. В Пустомытове почти никогда ничего не происходило. Сильвоки составляли большую часть населения, но было и несколько светичей. Людей там никогда не было, да и вообще мало кто посещал город. Всем хотелось **поглазеть** на приближающихся **иноземцев.**

Когда иноземцы подъехали ближе, то всем бросилась в глаза их необычная одежда. На одном из всадников был длинный жёлтый кафтан. Он был очень высоким, а на голове его была корона. Он возглавлял небольшой отряд всадников.

Подъезжая к городу, лошади перешли на шаг. Первая лошадь была крупной и чёрной. На ней ехал человек в жёлтом кафтане. Корона на его голове была грязной и **сидела набекрень.** Он был похож на утомлённого короля-безумца.

Всадник-гигант притронулся к шее лошади, и она тут же остановилась. Всадник **слез** с лошади. Похоже, что он был главным.

— Кто-нибудь знает, кто я? — спросил он по-русски.

Остальные всадники не **спешились.** Их было всего восемь, включая **предводителя.**

— Почему бы Вам не представиться? — спросил низкорослый сильвок. Его звали Пуреш. Он был **пекарем.** Пуреш, как и большинство сильвоков, ещё помнил русский. — Мы не любим, когда говорят загадками, человек!

Денза вышла из толпы.

— Вы король из восточных земель? — спросила она.

— Почему ты думаешь, что я король?

Она показала пальцем на корону.

Высокий всадник в жёлтом снял грязную корону.

— А может, я её украл? — сказал он, оглядываясь по сторонам. У него была длинная рыжая борода и яркие голубые глаза.

Луммпа корона впечатлила. Она была золотой. «Небось тяжёлая и ... дорогущая», — подумал он.

— Если она украдена, — сказал Пуреш, — тогда верните её законному владельцу. Нам здесь **воры** не нужны.

Человек рассмеялся и спросил:

— А что вам, сильвокам, нужно? Что вам нравится?

— Нам нравится, когда нас **оставляют в покое**, — ответил Пуреш, гневно скрестив руки на груди.

Еще один всадник подъехал к нему. Предводитель махнул рукой и сказал:

— Не надо, уважим старину-сильвока. Оставь его в покое, как он просил. Всадник отъехал.

Тогда человек в жёлтом кафтане повернулся к Дензе:

— То, что ты говоришь, недалеко от правды, — сказал он. — Я когда-то был королём, но больше я им не являюсь.

Он уронил корону на землю.

Луммп написал записку и показал её Дензе: «Спроси, можно тогда мне взять корону?»

Денза покачала головой. Она проигнорировала записку Луммпа и спросила:

— Что случилось? Что привело вас в Пустомытово?

Остальные всадники спешились. Они встали рядом с **бывшим** королём.

— Эти люди, — сказал он, посмотрев по сторонам, — скорее всего, последние в роду человеческом. На Западе была страшная война. Никого не осталось в живых. Никакой я не король, так как мне больше некем **править**.

— Тогда зачем вы сюда приехали? — спросил Пуреш.

За ним, прикрывая дочерей, стояла его жена.

— Не бойтесь за своих дочерей, — успокоил их предводитель, **почёсывая** рыжую бороду.

— Меня зовут Ярдум, — сказал он, оглядываясь по сторонам. — Я веду своих людей в портовый город Приморск, но мы потерялись.

— Меня зовут Денза, — представилась Денза, сделав шаг вперёд. — Вам нужен **проводник**.

— Совершенно верно, — подтвердил Ярдум. — У меня не осталось денег, но есть вот эта золотая корона. Я готов отдать её тому, кто поможет нам, — сказал он, глядя на Луммпа.

Ари мучил один вопрос, поэтому он вмешался в разговор:

— Зачем вам в Приморск? Что вам там надо?

— Возможно, мои друзья там. Может быть, мы всё же не самые последние люди на свете, — объяснил человек в жёлтом. — Мы пустились в путь, чтобы это **выяснить**.

Луммп написал записку Дензе: «Я хочу корону!».

Денза лишь бросила в него быстрый взгляд.

Тогда Луммп написал: «Это же наш шанс отправиться на новые приключения! Разве ты не видишь?».

Денза кивнула; она тоже хотела поехать с ними.

— Мы вам поможем, — наконец промолвила она.

Ари **опешил**. Он не мог допустить того, чтобы Денза отправилась с этими незнакомцами. Она была его подругой, а пускаться в такое опасное путешествие было **опрометчивым**.

— Что ты! Не вздумай ехать! — тихо сказал он по-сильвокски.

Денза покачала головой:

— Я поеду, — ответила она по-русски. — Если ты беспокоишься обо мне, поехали с нами.

Ари долго смотрел на Дензу. Потом она посмотрел на Ярдума и его всадников. Они ждали ответа от Ари.

— Лично я хочу остаться дома, — сказал Ари. Затем он посмотрел на Дензу и Луммпа и добавил: — Но всё же я поеду, чтобы защитить своих друзей.

Денза расплылась в улыбке и прошептала:
— Наконец-то мы пускаемся на поиски настоящих приключений!

Один из всадников наклонился и подобрал корону. У него был **шрам** на весь лоб. Он **обтёр** корону и положил её в **седельный мешок**.
— Тогда **по рукам**! — заключил Ярдум. — Ты, — сказал он, обращаясь к Луммпу, — поедешь с Садидой, с тем, у которого шрам. Корона пока побудет у него. А ты, — он показал на Ари, — поезжай с толстяком Экиным позади. Денза, ты поедешь со мной.

Приложение к главе 1

Краткое содержание

Ари — молодой сильвок. Он не любит рисковать, а его друзья Денза и Луммп всегда готовы пуститься в авантюры. Денза — тоже сильвок, а Луммп — светич. В их небольшом городке появляются люди. Все трое выходят к ним. Люди говорят, что на западе была война и, возможно, что они единственные оставшиеся в живых люди. Они собираются на поиски себе подобных в портовом городе Приморск. Ари, Денза и Луммп соглашаются стать их проводниками.

Словарь

приключение adventure

морщинистый wrinkled

пускаться в авантюры (imperf.) to go on an adventure

сокровище treasure

сдаваться (imperf.) to give up

зануда a bore

острые ощущения thrill

изъясняться (imperf.) to make oneself understood, to express oneself

судорожно frenetically

всадник horseman, rider

поглазеть (perf.) to gape, to gawk, to ogle

иноземец stranger, foreigner

сидеть набекрень (imperf.) to sit at an odd angle

слезть (perf.) to dismount

спешиться (perf.) to get off a horse

предводитель leader

пекарь baker

вор thief

оставлять в покое (imperf.) to leave alone

бывший former

править to reign

почёсывать (imperf.) to scratch

проводник guide

выяснить (perf.) to find out

опешить to be taken aback

опрометчивый foolish, dangerous

шрам scar

обтереть (perf.) to wipe off

седельный мешок saddle bag

по рукам! (colloq.) agreed! it's a deal!

Вопросы к тексту

Выберите один ответ на каждый вопрос.

1. Ари 80 лет, но считается, что он____.
    a. пожилой
    b. подросток
    c. мудрый
    d. ничего из вышеперечисленного

2. Денза и Ари не являются людьми. Они ____.
    a. луммпы
    b. светичи
    c. лошади
    d. сильвоки

3. Луммп не умеет говорить по-сильвокски, но он объясняется ___.
   a. в письменном виде
   b. с помощью пения
   c. на русском
   d. на языке светичей

4. Ярдум говорит, что раньше он был ___.
   a. королём
   b. вором
   c. пекарем
   d. сильвоком

5. Люди потерялись и ищут ___.
   a. кого-то, кто бы купил у них золото
   b. других людей
   c. город под названием Пустомытово
   d. светичей

Глава 2 – Горняки

Под конец дня Денза, Ари, Луммп вместе с людьми добрались до Ново-Карьерного. Посёлок Ново-Карьерный располагался в горах, и в нём было очень много горняков, добывающих драгоценные камни. В посёлке также было полно **преступников**, поэтому находиться там было очень опасно.

У всех горняков было при себе **оружие**, с помощью которого они защищались от воров. А у воров было оружие, с помощью которого они пытались заполучить драгоценности. На улицах постоянно происходили **потасовки**, и все чувствовали себя в опасности. Из-за этого большинство жителей посёлка уехало. Магазины, рестораны и дома опустели.

Путники добрались до посёлка уже после захода солнца.

— Здесь надо **держать ухо востро**, — сказал Ари. Затем он со злостью посмотрел на Ярдума и добавил: — Надо было объехать Ново-Карьерный. Тут опасно.

— Так быстрее, — ответил Ярдум. — Кроме того, никто не тронет восьмерых крупных мужчин.

— Возможно, — заметил Ари, — но всем будет дело до двух сильвоков. А светичи никогда не вступают в бой. Они просто **мстят** уже после битвы, так что Луммп нам в этом не помощник.

Ари посмотрел на своих друзей.

— Мы всё время должны находиться вместе. Это единственный способ оставаться в безопасности, пока мы отсюда не выберемся.

Его друзья согласно кивнули.

Лошади остановились на повороте. Там ничего не было.

— Мы устали, — сказал Ярдум. — Лошадям нужен отдых. Мне тоже.

— Что? Вы хотите здесь остановиться? — воскликнул Ари. — Здесь нельзя. Давайте проедем ещё. Мы можем остановиться за пределами посёлка.

— У нас нет никаких **припасов**, — ответил Ярдум. — Вы хотите спать на земле, без одеял и без палатки?

— Нет, но … — начал было Ари.

— Тогда мы забронируем номера на ночь, — сказал Ярдум, направляясь к небольшой гостинице.

На всей улице только эта гостиница и была открыта.

— Мы уедем пораньше завтра утром. Вам недолго осталось бояться, крошки-сильвоки.

Денза засмеялась, но Ари расстроился. Ярдум и его спутники привязали лошадей и пошли в гостиницу.

— Вы же сказали, что у вас совсем нет денег, — окликнул их Ари.

Высокий бородатый человек в жёлтом повернулся.

— Что? — переспросил он.

— Когда вы были в Пустомытово, вы сказали, что у вас нет денег, — повторил Ари.

Ярдум смерил взглядом крошку сильвока.

— Это правда. И что ты хочешь сказать?

— Чем же вы заплатите за номера? — спросил Ари.

Люди посмотрели на своего вожака. Садида улыбнулся, глядя, как Луммп выводит вопросительный знак в своём блокноте. Экин положил тяжёлую руку на плечо Ари.

— Хороший вопрос, крошка-сильвок, — ответил Ярдум. — Не беспокойся. Я договорюсь с владельцем гостиницы. Силы **убеждения** мне не занимать, когда это требуется.

Он посмотрел на своих спутников и рассмеялся. После чего Ярдум повернулся и пошёл в гостиницу.

Ему действительно удалось обо всём договориться. Ярдум забронировал четыре больших номера: один для себя, два номера для своих людей и еще один для Ари, Дензы и Луммпа.

Денза устроилась на кровати. Ари и Луммп постелили себе на полу. По крайней мере, в номере было тепло.

— Я не доверяю ему, — сказал Ари, пытаясь уснуть. — Как ему удалось получить номера без денег?

Луммп написал: «Может, он **пригрозил** владельцу?».

— Да, я тоже так думаю, — сказал Ари. — Он сказал владельцу гостиницы, что его люди **зададут** им.

— Тише, — сказала Денза, оглядываясь. — Ты думаешь, что Ярдум — опасный человек? Тогда не говори так громко, а не то он тебя услышит!

— Я просто говорю, что мы его не знаем, — объяснил Ари. — А теперь мы оказались в Ново-Карьерном. Это была плохая идея.

— Это точно, — согласилась Денза. — Брать тебя с собой — это была плохая идея.

Луммп рассмеялся.

Ари повернулся на другой бок и постарался уснуть.

Как только они наконец заснули, дверь в их номер **распахнулась.** Две тёмные фигуры забежали в номер. Ари вскочил, но его ударили по голове. Он упал на Луммпа. Они услышали крик Дензы и увидели, что её схватили. Кто-то пытается её **похитить**!

Держась за **пораненную** голову, Ари снова встал. Он внимательно присмотрелся к тёмным фигурам. Они были короче и круглее, чем большинство людей. Кожа их была очень бледной, как будто они редко находились на солнце. Глаза у них были огромными, как будто специально для того, чтобы лучше видеть в темноте.

— Это горняки! — закричал Ари.

Один из горняков, державших Дензу, выбежал с ней на улицу. Он зажал ей рот, и она не могла издать ни звука. Другой горняк задержался у двери. Вид у него был **озадаченный**. В руках он что-то держал. Оказалось, что это было одеяло Дензы. Когда Ари закричал ещё раз, горняк убежал и растворился в темноте.

Ари не знал, что делать. Наконец он услышал, как подошли люди.

— Горняки украли Дензу! — закричал Ари, когда Садида и Экин забежали в комнату.

Он показал, куда побежали горняки.

— Бегите за ними! — кричал он. — Она у них!

Садида и Экин обменялись странными взглядами. Затем Садида пожал плечами, и они побежали. Ари изо всех сил пытался угнаться за ними.

Горняки бежали очень быстро. Вскоре они добежали до поворота. Один из них повернул налево, другой направо.

— У которого из них женщина? — спросил Экин на бегу.

— Я не знаю, сказал Ари. — У одного из них Дензa, у другого — одеяло.

Экин нахмурился.

— За мной, — прокричал он. — Мы побежим налево. Садида, беги направо!

Луммп остался в номере. Светичи передвигались очень медленно и никогда не бегали. Когда пришёл Ярдум вместе с остальными людьми, Луммп описал, что произошло.

— Не беспокойся! — сказал бывший король.
— Мои люди догонят этих горняков. Они осмелились взять то, что им не принадлежит, — с негодованием добавил он.

Луммп долго смотрел на Ярдума. Затем он написал: «Денза вам не "то"».

Луммп остался с Ярдумом и его спутниками. Через час Ари, Садида и Экин вернулись. Дензы с ними не было.

— Я поймал одного из горняков, — сказал Садида. — Но у него не было женщины-сильвока, только одеяло.

— Он сказал, куда направился другой горняк? — осведомился Ярдум.

— Да, — ответил Садида, с усмешкой **потирая кулаки.** — Я заставил его говорить. Похититель везёт Дензу в портовый город.

— Зачем? — спросил Ари. — Они что, собираются в Приморск, как и мы?

Садида кивнул.
— Там они её продадут.
Ари оторопел.
— В каком смысле «продадут»? Она же не лошадь, а личность!

Садида посмотрел на Ярдума. Его голубые глаза были очень холодными.

— Ты многого не знаешь об этом мире, — сказал ему Ярдум. — Ты никогда не был за пределами Пустомытова?

— Это опасно, — ответил Ари.

— Почему это опасно? — спросил Ярдум.

— Потому что в других местах случается **неладное**, — тихо проговорил Ари.

Вожак опустил взгляд. Затем он злобно взглянул на Ари:

— Запомни: в этом мире иногда с тобой случается неладное, — прорычал он низким голосом.

Ари заплакал. Почему он выехал из своего города? Он знал, что надо было оставаться дома. Это всё из-за Дензы. А теперь ... она пропала!

— Одевайся, — сказал Ярдум. — Мы едем в Приморск. Прямо сейчас!

Приложение к главе 2

Краткое содержание

Ари, Денза и Луммп вместе с людьми доехали до Ново-Карьерного. Ново-Карьерный — опасное поселение, в котором живут горняки и преступники. Герои добрались до посёлка уже поздно вечером, поэтому они останавливаются в гостинице. Ари, Денза и Луммп ложатся спать, но кто-то врывается в их комнату. Похитители хватают Дензу и убегают. Ари рассказывает обо всём людям, и они отправляются вслед за похитителями. Похитителям удаётся скрыться с Дензой. Ярдум объявляет Ари, Луммпу и людям, что они все тотчас же отправляются в Приморск.

Словарь

горняк miner

преступник criminal

оружие weapons

потасовка fighting, row

держать ухо востро́ (imperf.) to keep eyes open, to be on one's guard

мстить (imperf.) to take revenge

припасы supplies

убеждение conviction, persuasion

пригрозить (perf.) to threaten

задать кому-то (perf.) to beat up, to punish

распахнуть (дверь) to throw open (the door)

похитить (perf.) to steal, to kidnap

пораненный injured

озадаченный puzzled, confused

потирать кулаки (imperf.) to rub one's fists
неладное something out of order, bad things

Вопросы к тексту

Выберите один ответ на каждый вопрос.

6. В Ново-Карьерном много ___.
   a. горняков и преступников
   b. сильвоков
   c. лошадей и драгоценностей
   d. переполненных магазинов, ресторанов и домов

7. Ярдум, скорее всего, смог получить номера в гостинице, ___.
   a. так как он заплатил деньги управляющему гостиницей
   b. так как он отдал свою золотую корону управляющему
   c. пригрозив управляющему
   d. предложив управляющему своих лошадей

8. Кто не доверяет Ярдуму?
   a. Денза
   b. Луммп
   c. Экин
   d. Ари

9. Что забирают похитители?
   a. Луммпа и его одеяло
   b. Корону
   c. Дензу и её одеяло
   d. Дензу и корону

10. Если верить Садиду, похититель говорит, что горняки ___.
    a. убили Дензу
    b. продадут Дензу
    c. потеряли Дензу
    d. хотят жениться на Дензе

Глава 3 – Этот мир — опасная штука

Им потребовалось два дня, чтобы добраться до Приморска. Приморск был красивым городом с изумительно чистыми песчаными пляжами. Глубокое синее море казалось теплым и **изобиловало** моллюсками. Однако в самом городе что-то было не так. Город был **опустевшим**. В нём были **предприятия** и магазины, но в них никто не работал. Они все были закрыты.

— Очень странно, — сказал Ари. — Очень, очень странно.

Затем он вспомнил, что ему надо **сосредоточиться** на главном и не беспокоиться о пустяках. Они все ещё не нашли Дензу. Вполне вероятно, что она была здесь, возможно, в одном из этих зданий. Возможно, она всё ещё **в плену** у горняков, если те её ещё не продали.

«Я ещё никогда не видел ничего подобного, — написал Луммп. — Когда мы найдём Дензу, давай сюда переедем. Тут такие возможности для добычи золота!»

В чём-то Ари был с ним согласен. Приморск казался идеальным городом. Однако ему здесь было **не по себе.**

— Что-то тут не так, — проговорил он, обращаясь к своему другу. — Ты это чувствуешь?

Луммп пожал плечами. Светичи ничего особо не чувствовали. Они вообще не отличались чувствительностью.

Они ехали по опустевшим улицам. Ярдум был впереди. Казалось, он знает, куда ехать.

— Вы тут уже были? — спросил у него Ари.

— Нет, — ответил он.

— Откуда мы начнём поиски? — продолжал расспрашивать Ари.

Похоже, Ярдума это раздражало. Он никак не отреагировал на вопросы Ари и помахал Садиде. Садида подъехал к своему вожаку. Луммп молча ехал впереди.

— В чём дело, мой господин? — спросил Садида.

Ярдум указал на Ари:

— Скажи этому сильвоку, куда мы едем.

Садида с удивлением посмотрел на Ярдума. Затем он пожал плечами и повернулся к Ари.

— Мы едем на **невольничий рынок**, — сказал человек со шрамом. — Ваша подруга Денза будет там.

— Откуда вы знаете? — спросил Ари.

— Я знаю, потому что я такой умный.

Он **хмыкнул**, неожиданно повернулся и ускакал прочь.

Ари еще больше испугался. Им овладело **гнетущее** чувство.

— Скажите, а откуда вы знаете, где находится невольничий рынок? — спросил он у Экина, ехавшего рядом. — Вы сказали, что никогда там не были. Это правда?

Ответом ему было молчание.

— Вы там были? — повторил Ари. — Вы были на рынке **рабов**?

— Молчать, сильвок! — раздражённо рявкнул Экин и подстегнул лошадь.

Пока ехали по городу, Ари осматривался. Постепенно он осознал, что он не видел ни одного живого существа во всём Приморске. Ни одного! Вдруг он кого-то увидел: это оказался бледный горняк. Он направлялся к зданию, в которым находилось несколько горняков. Ари развернулся и заглянул в окно другого здания. И там были одни горняки. Вдалеке он увидел ещё одного горняка. Тот ехал на маленьком ослике.

«Что тут происходит? — подумал Ари. — Почему Ярдум со своими всадниками не расспрашивает их о Дензе?»

В тот самый момент подъехали Садида с Луммпом.

— Простите, — сказал Садида Ари, взяв за **поводья** лошадь Экина. Экин слез с лошади. — Мы приехали!

Садида указал на что-то слева. Неподалёку от них Ари увидел огромную огороженную территорию, напоминающую большую **клетку** для животных. Внутри этой клетки было много сильвоков и других существ. Похоже, они все были **пленными.**

— В этом городе самый крупный невольничий рынок на всём Западе, — объяснил Экин. — Мы привозим сюда сильвоков. Горняки платят за них хорошие деньги. Население — люди и другие существа — бежит от войны.

Экин выдержал паузу и указал на толпу слева.
— Смотрите, вот они. И кто бы мог подумать: вон ваша подружка!
Ари всматривался в лица внутри клетки, пока он не увидел её.
— Денза! — закричал он.

Денза подняла голову и грустно посмотрела на него. Она была в клетке. Жива, но ... **порабощена.**
Ари повернулся к Ярдуму, сидевшему на соседней лошади.
— Вы сотрудничаете с горняками! — закричал **разъярённый** Ари. — Вы их **пособники!**
— Иногда да, — ответил Ярдум. — Мы им привозим парочку сильвоков, когда мы приезжаем в Приморск за оружием. Горняки производят очень хорошее оружие, не так ли, Экин?
— Самое лучшее, — подтвердил Экин, улыбаясь и наводя свое очень хорошее оружие на Ари. — А теперь, слезай! — приказал он.

Улыбка сошла с его лица.
Люди поместили Ари и Луммпа в клетку. Один из горняков закрыл за ними дверь и ушёл. Денза подбежала к своим друзьям.
— Я думала, что уже никогда вас больше не увижу! — воскликнула она. — Простите, это всё из-за меня.

— Нет, не надо так говорить, — сказал Ари, обнимая её.

Он огляделся. В клетке была как минимум сотня сильвоков.

— Давно вы тут? — спросил он у других сильвоков.

— Не очень, — ответил молодой сильвок. — Но насколько я понимаю, завтра нас продадут.

— Кому они нас собираются продать? — спросил Ари.

— Мы не знаем. Кстати, меня зовут Кед, — представился он. — Там мой брат Хакан, — указал он на молодого сильвока маленького роста.

Хакан выглядел ужасно.

— Хакан здесь серьёзно заболел, — добавил он. — Ему срочно нужна помощь.

— Да, — согласился Ари. — Нам нужно организовать **побег**.

Кажется, что он тут был одним из старших, так что помощи ждать особо было неоткуда.

— Луммп, как нам отсюда выбраться? — спросил он, поглядывая на своего друга.

Луммп нахмурился. Он не умел **воевать**. У него не было ни малейшего представления. Он лишь покачал головой. Но несколько минут спустя Луммп кое-что заметил. Ари продолжал оглядываться, а Луммп внимательно смотрел на горняка, который их **запер**. Тот подошёл к своему ослику и сделал то, чего Ари не заметил. Луммп же обратил на это внимание. Неожиданно Луммп заулыбался и кивнул головой.

Он достал свой блокнот и написал: «Уже темнеет». Затем он нарисовал ослика и улыбнулся. «Дождёмся темноты. Тогда все будет в порядке. Луммп всё исправит».

Ари с Дензой прочитали записку. Они ничего не поняли. Луммп лишь улыбнулся и указал на фразу «Луммп все исправит».

Ари и Денза смотрели на Ярдума и его людей. Те разговаривали с горняками. Горняки расплачивались с Ярдумом. Затем Садида вытащил корону. Горнякам очень понравилась дорогая золотая корона. Они заплатили и за неё.

— Всё, что он говорил, — **ложь**, — сказала Денза. — Он украл эту корону так же, как он выкрал и меня.

Ярдум посмотрел в её сторону, будто он услышал, что она говорила. Он улыбнулся. Денза лишь посмотрела на него, **сплюнула** и отошла в сторону.

Вечером, получив деньги, люди уехали. Все сильвоки спали на земле. Горняки разошлись по домам, оставив **на страже** лишь несколько караульных. Большинство из них отдыхали или играли в карты. У них никогда не было проблем с невольными сильвоками, и они не ожидали их и сейчас. Ослики караульных паслись недалеко от клетки. Ослики не были привязаны и могли свободно передвигаться.

Когда всё стихло, Луммп дотронулся до плеча Ари. Тогда Ари поднял Дензу и Кеда. Никто из них не спал. Они лишь **прикидывались**. Постепенно все невольники встали. Светич Луммп протянул руку. Он стал негромко говорить на своём языке, а рука его светилась мягким красным светом. Он помахал рукой, и ослики уставились на неё. Они осторожно приблизились к источнику света. Как все светичи, Луммп прекрасно находил общий язык с животными. Казалось, что они понимают странный язык светичей и реагируют на него.

Луммп медленно протянул руку и снял **вьюк** с одного из осликов. Он засунул руку во вьюк и вытащил ключ.

— Так вот что ты увидел сегодня днём, друг мой! — радостно промолвил Ари. — Ты был прав. Луммп может все исправить!

Луммп с гордостью кивнул и вручил ключ Ари. Ари быстро открыл клетку. Было уже очень поздно. Караульные спали. Костёр уже **догорал**. Ари с Дензой осторожно забрали оружие горняков и раздали его невольникам. Затем они собрали всех осликов и потихоньку удалились. Так они покинули Приморск.

На следующий день они вернулись в Пустомытово, не заходя в Ново-Карьерный. Ари, Денза и Луммп рассказали друзьям и близким о том, что произошло. Затем они помогли другим пленникам вернуться домой, но те там недолго задержались. Вскоре жители всех **окрестных** городов объединились в борьбе против горняков, да и против людей, если в этом возникала необходимость. Им нужно было **защищать** друг друга.

А Ари, Денза и Луммп были рады оказаться дома в безопасности. Хотя их авантюра оказалась очень опасной, они извлекли из неё два важных урока: мир действительно опасная штука, и ни в коем случае нельзя доверять людям!

Приложение к главе 3

Краткое содержание

Ари, Луммп и небольшой отряд людей приезжают в Приморск. Приморск — очень красивый городок, но что-то там не так. В городе нет ни людей, ни сильвоков, ни других существ. Там только горняки. Вскоре Ари узнаёт секрет Ярдума. Ярдум продаёт невольников горнякам. Он собирался продать Дензу, а вместе с ней и Ари с Луммпом. Когда Ари с Луммпом добираются до рынка невольников, они обнаруживают там Дензу. Ночью Луммп достаёт ключ, который находится внутри одного из вьюков на спине осла, и всем пленникам удаётся бежать. Друзья ненадолго возвращаются домой. Однако вскоре они объединяются с другими пленниками против людей и горняков для защиты своих поселений.

Словарь

изобиловать (imperf.) to abound

опустевший empty, abandoned, desolate

предприятие business, company

сосредоточиться (perf.) to concentrate

в плену captive, imprisoned

не по себе feeling uncomfortable, uneasy, wary

невольничий рынок =рынок невольников (рабов) slave market

хмыкнуть (perf.) to snort

гнетущий oppressive, depressing

раб slave

поводья (pl.) reins

клетка cage

пленный captive, prisoner

порабощённый enslaved
разъярённый enraged
пособник accomplice, helper
побег escape
воевать (imperf.) to fight
запереть (perf.) to lock
ложь lie
сплюнуть (perf.) to spit
на страже on guard, keeping watch
прикидываться (imperf.) to pretend
вьюк saddle bag
догорать (imperf.) to go out (about a fire)
окрестный surrounding, neighbouring
защищать to defend

Вопросы к тексту

Выберите один ответ на каждый вопрос.

11. Какое из данных высказываний НЕ является истинным?
    a. Ари чувствует себя в Приморске как дома.
    b. Ари думает, что Приморск — красивый город.
    c. Город почти пустой.
    d. В Приморске можно легко разбогатеть.

12. Горняки производят очень хорошее (-ие) ___.
    a. оружие
    b. короны
    c. предприятия
    d. ограждения

13. Ярдум продаёт горнякам сильвоков. Что еще он продаёт горнякам?
    a. лошадей
    b. одеяла
    c. украденную корону
    d. оружие

14. Луммп видит, как горняк кладёт ключ в(о) ___.
    a. вьюк на спине ослика
    b. одеяло на спине лошади
    c. карман другого горняка
    d. руку Садиды

15. Когда сильвоки возвращаются домой, они ___.
    a. устраивают вечеринку
    b. воюют с людьми
    c. объединяются, чтобы воевать
    d. возвращаются в Ново-Карьерный

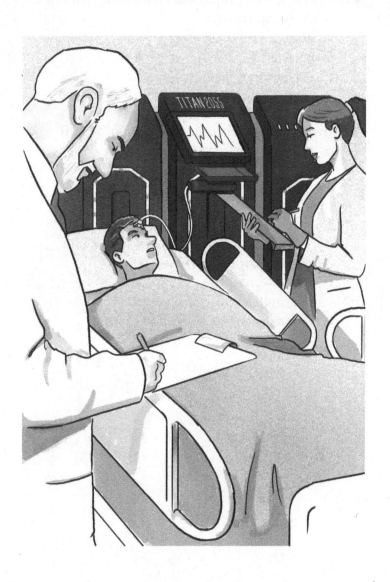

Мой друг суперкомпьютер

Глава 1 – Операция прошла успешно

«Поздравляю, Марк!» — услышал я слова французского доктора.

«Она слишком молодая для врача, — подумал я, — но, кажется, очень умная. Да ещё и такая привлекательная».

— Операция прошла успешно, — объявила она, улыбаясь мне. — Теперь Ваш мозг **хирургическим путём** подсоединён к нашему суперкомпьютеру.

— Ого, — сказал я.

У меня не было сил. Операция была долгой.

— Можно воды?

— Пока нельзя, Марк. Как Вы себя чувствуете? — **участливо** спросил врач.

— Я хочу пить, — ответил я, — но в остальном чувствую себя хорошо. Как ни странно, нигде не болит.

— Прекрасно, — сказала она. Очень хорошо.

Я лежал в больнице в Швейцарии. В небольшой палате было трое людей и гигантский компьютер.

Компьютер превышал размером большой холодильник. Ведь это был суперкомпьютер: самый быстрый и самый умный во всей Европе. Он назывался «Титан-2055». Номер 2055 означал

год изготовления. Теперь я был подключён к этому компьютеру.

— Конечно, Вам не больно, — с уверенностью заявила француженка, пока она проверяла показания на датчиках и мониторах. — Человеческий мозг не способен ощущать боль, — объяснила она.

Её звали доктор Бенуа. Она была одним из создателей «Титана-2055».

— А теперь расслабьтесь. Скоро мы начнём **загрузку данных.**

Я посмотрел на огромный компьютер. В нём содержалось больше знаний, чем во всех библиотеках Земли вместе взятых. По сравнению с «Титаном-2055» мой мозг казался **ничтожно** малым и ограниченным.

— Какой объём информации Вы мне **скачаете**, доктор Бенуа? — поинтересовался я.

— Абсолютно всё! — ответил профессор Благов, помощник доктора Бенуа. Он был намного старше её. У него была седая борода и очки. — Зачем откладывать? — добавил он с удивлённым видом. — Ваш мозг и сейчас со всем справится.

Доктор Бенуа многозначительно посмотрела на него.

— Не слушайте его, Марк. Он шутит, — сказала она. — Конечно же, мы будем действовать предельно осторожно. Мы скачаем как можно больше данных, но постепенно. Лучше **перестраховаться**. Невозможно всё сделать за один день.

— Это представляет **угрозу для жизни?** — спросил я. — Сможет ли мой мозг сразу со всем справиться?

Профессор Благов посмотрел на молодого врача, затем на меня.

— Я лично не думаю, что это предоставляет угрозу для жизни, но это моё личное мнение. Не я здесь начальник.

— Это Вас не убьёт, Марк, — согласилась доктор Бенуа, — но вполне может свести с ума либо спровоцировать проблемы функционирования мозга. Неизвестно, с каким объёмом информации может справиться Ваш мозг, поэтому мы будем действовать постепенно. Я обещаю, что мы Вам не навредим.

Она улыбнулась и погладила меня по голове.

— Вы нам очень дороги. Мы не хотим Вас испортить.

Некоторое время спустя начался процесс скачивания данных. Информация из «Титана-2055» постепенно перекачивалась в мой мозг. Поначалу я не замечал ничего особенного, но через некоторое время я ощутил, что в голове у меня появилась новая информация и новые факты. Они перешли в **долговременную память.** Хотя эта информация была новой, у меня возникло ощущение, что я ей уже давно овладел.

Из компьютера перекачивалась информация совершенно разного рода: математика, история, естественные науки и техника. Я изучал медицину, процедуры полицейской деятельности, боевую тактику, технику актёрского мастерства ... разнообразие там было просто невероятным!

Прошло три часа. Всё это время доктор Бенуа и профессор Благов находились рядом со мной. В комнате также был третий человек. Говорят, он был каким-то инвестором. Он уже был весьма **преклонного возраста**. На нём был дорогой серебристый костюм. Он ходил, опираясь на **трость**. Непонятным образом я узнал, что он является **владельцем** корпорации EXCO. Больница принадлежала этой швейцарской корпорации. Именно корпорация EXCO оплатила покупку суперкомпьютера и мою операцию.

— Почти всё, Селин? — шёпотом спросил мужчина. — Вы сказали, что это займёт три часа. Он взглянул на настенные часы. — Три часа уже прошло.

— Да, — ответила доктор. — Я вот-вот завершу процесс скачивания. После этого мы **отсоединим** его от компьютера.

— Когда закончится тестирование? — спросил инвестор.

Он вложил миллионы евро в научные исследования и разработки, и ему не терпелось узнать о результатах данного эксперимента.

— Мы будем проводить тестирование сегодня вечером и завтра. Если мозг Марка принял и переварил всю информацию, загруженную в его долгосрочную память, он должен справиться с тестами, — объяснила доктор Бенуа.

— Затем мы снова **подсоединим** его, — сказал профессор Благов. — Завтра мы закачаем еще одну порцию данных, послезавтра — ещё и так далее.

— Отлично, — промолвил инвестор. Он встал и собрался уходить. — Молодец, Марк! — сказал он, поглядывая на меня странным образом.

— Спасибо, — поблагодарил я.

Почему-то я никак не мог припомнить имя этого человека. Мне это показалось очень странным: я знал название его компании, род деятельности и даже данные его **налоговой декларации** за прошлый год. При этом я никак не мог вспомнить, как его зовут.

— Извините, пожалуйста, — сказал я, — я не знаю Вашего имени.

— Ничего страшного, — ответил инвестор, выходя из комнаты. — Оно Вам не понадобится.

Доктор Бенуа проводила его взглядом.

Когда инвестор ушёл, она повернулась к профессору:

— Вы готовы начать процесс разъединения? — спросила она, изучая какие-то графики.

— Вы уверены, что на этом надо остановиться? Может ещё немного загрузим? — спросил профессор Благов.

Доктор покачала головой.

— На сегодня достаточно. Мы не можем рисковать. Давайте отключим загрузку данных и отсоединим компьютер.

Профессор Благов нажал на кнопку на большом аппарате, посмотрел на меня и сказал:

— Спокойной ночи, Марк!

Я захотел спать и провалился в полную темноту. Не знаю, как долго я спал. Сны мои были долгими и неприятными. Они были о войне, **мучениях**, о смерти и **разрушении.**

Наконец я проснулся и открыл глаза. Я увидел над собой небо с облаками. «Занятно, — подумал я с удивлением. — Я что, все ещё сплю? Где же потолок?»

Затем я повернулся и увидел палату. Все вокруг было разрушено. Я вскочил и огляделся. Доктор Бенуа лежала на полу мёртвая. Профессора Благова не было. Только суперкомпьютер «Титан-2055» был **цел и невредим,** и продолжал перекачивать в меня информацию.

Я продолжал осматриваться. Вся больница была разгромлена. Пока я спал, произошёл чудовищный **взрыв**, уничтоживший всё вокруг. Где-то вдалеке кто-то звал на помощь. Я слышал звук приближающихся полицейских сирен.

«Наверняка произошёл **теракт**», — подумал я.

Затем мне в голову пришло что-то более страшное. Или это случилось из-за меня? Кто-то пытался меня убить?

Я встал и осмотрелся.

Приближаясь к компьютеру, я думал: «Бедная доктор Бенуа. Такая молодая, такая красивая! Она не должна была **погибнуть**. Никто из них не должен был пострадать».

«Тот, кто это сделал, совершил непоправимую ошибку, — сказал я себе, постепенно отсоединяясь от «Титана-2055». — Я ещё жив, и я разузнаю, кто уничтожил этих людей. Он ещё за это заплатит!»

Приложение к главе 1

Краткое содержание

Марк находится в больничной палате в Швейцарии. Доктор Бенуа и её помощник, профессор Благов, хирургическим путём подсоединили его к суперкомпьютеру. При помощи соединения врачи перекачивают информацию из компьютера «Титан-2055» непосредственно в мозг Марка. Какой-то инвестор тоже находится в палате, но он уходит до того, как закончилось скачивание данных. Марк засыпает в тот момент, когда врачи начинают отсоединять его от компьютера. Когда он просыпается, больница разрушена в результате взрыва. Доктор Бенуа погибла, а Марк собирается узнать, что произошло на самом деле.

Словарь

хирургическим путем surgically

участливо with compassion, kindly

год изготовления year of manufacture

загрузка данных data download

ничтожно insignificantly, negligeably

скачать (perf.) to download

перестраховаться (perf.) to be on the safe side, to take
  precautions

угроза для жизни to be life-threatening

долговременная память long-term memory

преклонный возраст old age

трость cane

владелец owner

отсоединить (perf.) to disconnect

подсоединить (perf.) to connect

налоговая декларация tax declaration
мучение torment, torture, anguish
разрушение destruction
цел и невредим intact
взрыв explosion
теракт (террористический акт) terrorist attack
погибнуть (perf.) to die, to perish

Вопросы к тексту

Выберите один ответ на каждый вопрос.

1. Какое чувство Марк НЕ испытывает?
   a. удивление
   b. жажду
   c. усталость
   d. беспокойство

2. Название компьютера «Титан-2055» связано с_____
   a. его цветом
   b. годом производства
   c. с нынешним годом
   d. ничего из вышеперечисленного

3. По какой причине доктор Бенуа хочет перестраховаться?
   a. на Марка потрачено много денег.
   b. на Титан потрачено много денег.
   c. она любит Марка.
   d. она думает, что её помощник хочет делать всё медленнее.

4. Почему доктор Бенуа предлагает остановиться после трёх часов работы?
   a. Инвестору скучно, и он требует перерыв.
   b. Марк устал и хочет сделать перерыв.
   c. Слишком большой объём информации может оказаться опасным для Марка.
   d. Слишком большой объём информации может вызвать у Марка сонливость.

5. По мнению Марка, что, скорее всего, произошло в больнице?
   a. крупная потасовка
   b. пожар
   c. авария
   d. террористический акт (теракт)

Глава 2 – Стакан воды

— Что вы помните о взрыве, господин Франкенштейн? — спросил меня человек в голубой одежде.

— Я же уже сказал, что ничего не помню, — ответил я.

Мы с ним сидели в небольшой комнате в полицейском участке. На стене было большое зеркало и видеокамера, направленная прямо на меня. Нас с полицейским разделял металлический столик.

Я опёрся о столик и повторил:

— Я ничего не помню о взрыве, потому что я спал. — После чего добавил: — Пожалуйста, зовите меня просто Марк.

Светловолосая женщина-инспектор записывала нашу беседу. В ухе у неё был микрофон, и кто-то, сидящий по ту сторону зеркала, говорил ей, какие вопросы мне задавать.

— У вас есть **догадки** о том, кто взорвал больницу? — спросила она. У неё был сильный швейцарский акцент, но говорила она очень правильно и понятно. — Хоть какие-то догадки? — повторила она.

Я посмотрел на записывающую камеру, затем на неё.

— Полиция не должна играть в угадайку, — ответил я. — Есть ли у меня догадки? Конечно. Это был владелец компании.

— Компании? Какой компании? — спросила она. — Корпорации EXCO?

— Совершенно верно. Какие тут еще могут быть компании? — я покачал головой. — Конечно, я имею в виду владельца компании, которая оплатила эксперимент.

Женщина-инспектор пристально посмотрела на меня.

— Какая-то бессмыслица получается, — сказала она на полном серьёзе. — Зачем ему понадобилось уничтожать собственное **детище**?

Теперь я серьёзно посмотрел на неё.

— Откуда вы знаете, что это мужчина? — спросил я. — Вы только что сказали «ему».

Она моргнула и оставила мой вопрос без ответа.

— Давайте продолжим наш разговор, господин Франкенштейн. Как Вы думаете, тот факт, что вы выжили, а остальные погибли — просто **совпадение**?

— Я не думаю, что это случайность, — ответил я, поднимаясь. — Я не верю в совпадения. В результате взрыва вся больница была **уничтожена**, а я при этом остался в живых. Думаю, что так было задумано специально, и я собираюсь выяснить, с какой целью.

Допрос закончился. Инспектор попросила меня присесть. Я отказался.

— Я попросила вас присесть, господин Франкенштейн, — повторила она.

— А я попросил обращаться ко мне по имени, — напомнил я.

Я подошёл к зеркалу и внимательно изучил его.

— По ту сторону зеркала сидят три человека, — сказал я, продолжая вглядываться в зеркало. — Один из них работает на EXCO. Он говорит Вам, какие вопросы мне задавать.

— С чего Вы это взяли? — спросила она, но на её лице было всё написано. Было понятно, что я был прав.

— Я ухожу, — сказал я. — Наша беседа закончена. Откройте дверь.

— Марк, нам надо Вам задать ещё ряд вопросов, — нервно проговорила блондинка.

— Не надо. Вы задаёте вопросы, ответы на которые вам уже известны, — ответил я, дёргая дверную ручку.

Дверь была заперта. Около двери была панель с электронной клавиатурой. Не задумываясь ни на секунду, я ввёл код, и дверь открылась.

— Вам известно, кто **осуществил взрыв** в здании. И вам известно зачем, — сказал я, оборачиваясь к ней на пороге.

Она не пыталась меня удержать.

— И зачем? — спросила женщина.

Я притронулся к своей голове.

— Чтобы создать меня, — объяснил я, выходя из комнаты.

Офис канала новостей находился на другом конце города. Я запрыгнул в такси и попросил таксиста доставить меня туда как можно скорее. Представители прессы очень хотели встретиться со мной. В этот же день устроили пресс-конференцию, на которую прибыли журналисты с разных новостных каналов и из многочисленных журналов. Я решил **предать** свою историю **огласке,** причём совершенно бесплатно.

— Вы в самом деле не хотите получить **вознаграждение** за свой **сюжет?** — удивлённо спрашивали журналисты. Им в это трудно было поверить.

— Я просто хочу донести правдивую информацию до широких масс, — объявил я. — Люди должны знать правду. Владелец EXCO заказал убийство моего врача. Он пытался выдать происшествие за теракт, но я знаю, что это был он.

— Но какой у него в этом интерес? — спросил один из журналистов.

— Чтобы не прерывать эксперимент. Меня подключили к суперкомпьютеру на намного дольше, чем планировалось изначально. Моя врач, доктор Бенуа, не хотела рисковать. Она собиралась скачивать данные небольшими порциями. Когда она хотела приостановить эксперимент ...

— Но Вы действительно думаете, что ... — начал было журналист.

— Я не думаю, — прервал его я. — Я знаю. Я знаю, что владелец корпорации хотел, чтобы соединение длилось намного дольше. Они с профессором Благовым хотели **довести дело до**

конца. Им было интересно, сколько информации может в себя вместить человеческий мозг.

— И сколько? — поинтересовался другой журналист.

Я улыбнулся.

— Много, — ответил я, — даже чересчур.

После минутного размышления я продолжил:

— Вас зовут Мишель Познер. Вы женаты, у вас есть дочь. Ей 12 лет.

Я сообщил совершенно незнакомому человеку его возраст, адрес, имена его родителей и их адрес. Я знал, какой университет он окончил, какие у него были оценки, кто его друзья в соцсетях. Под конец я назвал регистрационный номер его машины, сколько раз он получал предупреждения или **штрафы** в прошлом году, и **пожурил** его за курение.

— Откуда Вам известно, что я курю? — спросил он.

— Из вашей медицинской карты, — с улыбкой объяснил я.

После короткого расследования этого дела владельца компании так и не арестовали. В полицейском протоколе заключалось, что доказательства его причастности к взрыву отсутствовали. Там говорилось о том, что взрыв был **несчастным случаем,** а **преступных мотивов** не было обнаружено.

Как только заключение было опубликовано, инвестор захотел встретиться со мной наедине.

— Сынок, — проговорил он, — ты не можешь просто так обвинять меня и распространять эти дикие слухи.

Он предложил мне напиток из бара в своём офисе.

— Оставьте напиток при себе, — сказал я, подозрительно поглядывая на него. — Я не доверяю ни Вам, ни тому, что с Вами связано.

— Хорошо, — сказал он, присаживаясь на ближайший стул. — Но если ты ещё хоть слово обо мне скажешь, я **подам** на тебя **в суд**.

— Пожалуйста. У меня совсем нет денег, — уверенно заявил я.

Я знал, что он лжёт. Если я не замолчу, он не засудит меня, а скорее убьёт.

— Знаете, — продолжал я, — интересно, что я знаю почти всё обо всех, но при этом так и не могу припомнить Ваше имя. Даже когда люди его упоминают, то я тут же его забываю. Почему?

— Мне это неизвестно, — спокойно ответил он.
— Может, это какой-то сбой. Какая-то неполадка в функционировании мозга. При таком огромном объёме информации в голове неудивительно, что что-то может забыться.

— Да уж. Жаль, что доктор Бенуа погибла, не правда ли? — сказал я, подходя к окну и краем глаза поглядывая на него.

— Послушай, Марк ... — тяжело вздохнул инвестор, — я не имею никакого отношения к смерти доктора Бенуа. Хватит меня обвинять!

— Хорошо. А где же тогда профессор Благов? — осведомился я. — Его тело нигде не было обнаружено.

— Хороший вопрос.

Он повернулся и налил стакан воды из графина, стоявшего на столике.

— Полиция сообщила, что он **в розыске.** Может быть как раз он и есть виновник произошедшего.

— Правда? Вы так думаете? — саркастически воскликнул я. — Невероятно!

Я знал, что они были сообщниками, но не мог объяснить, откуда мне это было известно.

Инвестор подошёл ко мне и вручил мне стакан.

— Вот, выпей хоть воды.

Я посмотрел на стакан. Инвестор посмотрел на меня. У меня возникло ощущение, что ему очень хотелось заставить меня выпить эту воду.

— Хорошо, — сказал я, забирая стакан левой рукой.

Ему пришлось немного податься вперёд, передавая мне стакан. Правой ногой я **подставил** инвестору **подножку.** Одновременно ухватив его за лицо правой рукой, я изо всех сил толкнул его. Инвестор упал на спину.

Я запрыгнул на него и **силой** влил эту воду ему в рот. Инвестор попытался её выплюнуть, но я зажал ему нос и рот. В конце концов, ему пришлось её проглотить. В течение нескольких минут он **сотрясался** в конвульсиях, так как вода была **отравлена.** Затем он навеки успокоился.

— Забавно, — заметил я, глядя на труп. — Нам вечно советуют пить больше воды, и вот результат.

Я поднялся, повернулся и быстро вышел из комнаты.

Приложение к главе 2

Краткое содержание

Марк беседует со швейцарскими полицейскими. Он видит, что у женщины-инспектора в ухе микрофон. Марк решает, что это кто-то из EXCO задаёт все вопросы и уходит. Он созывает пресс-конференцию, на которой он сообщает журналистам о том, что взрыв в больнице — дело рук владельца корпорации EXCO. Полиция расследует дело и выносит заключение о том, что это был несчастный случай. Владелец корпорации просит Марка встретиться с ним в офисе корпорации в частном порядке. Он просит Марка перестать обвинять его во взрыве и грозит подать на Марка в суд, если тот не снимет свои обвинения. Марк спрашивает о местонахождении профессора Благова. Инвестор ничего не знает об этом. Он предлагает Марку стакан воды. Марк не доверяет ему и принуждает инвестора выпить эту воду. Инвестор умирает от воды с ядом. Марк уходит.

Словарь

догадка guess, clue

детище brainchild, creation

совпадение coincidence

уничтоженный destroyed

осуществить взрыв (perf.) to carry out an explosion

предать огласке (perf.) to make public, to expose

вознаграждение award, remuneration

сюжет (in journalism) story, storyline

довести дело до конца (perf.) to get the job done, to follow something through

штраф fine

пожурить (perf.) to scold

несчастный случай accident

преступный мотив criminal motive, foul play

подать в суд (perf.) to sue

в розыске wanted by the police

подставить подножку (perf.) to trip somebody up

силой by force

сотрясаться в конвульсиях (imperf.) to convulse, to shake

отравленный poisoned

Вопросы к тексту

Выберите один ответ на каждый вопрос.

6. Почему Марк общается с журналистами?
   a. Он хочет продать этот сюжет.
   b. Он хочет стать знаменитым.
   c. Он хочет встретиться с владельцем EXCO.
   d. Он хочет рассказать широким массам правду о взрыве.

7. Откуда у Марка вся информация о журналисте?
   a. Данные были загружены в его мозг.
   b. Марк прочитал досье журналиста во время обеда.
   c. Марк знает его с университетских времён.
   d. Ничего из вышеперечисленного.

8. Что думает Марк о профессоре Благове?
   a. Он не причастен к взрыву.
   b. Он сейчас работает на «Титан-2055».
   c. Он погиб.
   d. Он — сообщник владельца EXCO.

9. Почему владелец корпорации хочет угостить Марка каким-нибудь напитком?
   a. Он думает, что Марк хочет пить после операции.
   b. Он знает, что Марк устал и расстроен.
   c. Он хочет навредить Марку.
   d. Он хочет подать на Марка в суд.

10. Как Марку удаётся заставить инвестора выпить воду?
    a. Обманом.
    b. Они оба пьют немного воды.
    c. Марк меняет стаканы местами.
    d. Марк силой заливает воду инвестору в рот.

Глава 3 – Я передумал!

«Только этого мне не хватало! Теперь меня разыскивает полиция», — подумал я. Я не хотел убивать владельца корпорации EXCO. Я просто заставил его выпить его же собственную воду. Означает ли это, что я — преступник? У меня не было ответа на этот вопрос. Думаю, что это было неважно. Теперь я **находился в бегах**. Меня всё равно поймают: если не полиция, то EXCO.

Я просто хотел всем **поведать** о том, что со мной случилось, но у меня не было возможности закончить рассказ. Мне никому не удалось объяснить, что я уже был не просто человеком. Благодаря данным, скачанным с «Титана-2055», я превратился в сверхчеловека, как и планировала корпорация EXCO.

Так как доктора уже не было в живых, то у меня не было никакой возможности снова стать обыкновенным человеком. Профессор Благов был единственным, кто мог бы мне помочь, но о нём всё ещё не было никаких вестей. Тем не менее я знал, что смогу найти его. К этому моменту ума мне было не занимать. Можно сказать, что я был самым умным существом на Земле. «Титан» был не в счёт, так как он ещё не ожил, по крайней мере на тот момент.

В конце концов мне потребовалось всего два дня на поиски Благова. Он скрывался на

Марианских островах, на Гуаме. Место он выбрал неплохое, так как остров находится очень далеко от Европы. Однако остров так мал, что рано или поздно там легко обнаружить любого иностранца. Так как я располагал информацией о его кредитных карточках, о бронировании отеля и машины, да и о многом другом, то разыскать его было нетрудно. А какой большой минус на Гуаме? Оказавшись там, уже никуда не убежишь.

— Сколько тебе заплатили? — спросил я, усевшись Благову на грудь.

— А ну-ка слезь, — прохрипел он. — Я не могу дышать.

— Раз можешь говорить, можешь и дышать, — возразил я. — А теперь говори!

— Ты хочешь получить информацию о Викторе? — спросил он.

— Это владелец EXCO? Так его зовут Виктор?

— Да, но ты забудешь его имя. Тебя так запрограммировали. Он не хочет, чтобы ты знал о нём.

— Понятно. Ты был его сообщником? — спросил я.

— Да, — тихо проговорил Благов.

— Что ж, сейчас ему уже не до имён. Виктор **приказал долго жить**.

Благов был в шоке.

— Это ты его убил? — еле слышно спросил он.

Я прижал его ногами и всё сильнее давил каблуками на кисти рук. Он **взмолил о пощаде**.

—Я никого не убивал, — проговорил я. — Виктор дал мне стакан воды. Я заставил его выпить эту воду. Видимо, там был **яд**.

— Тогда получается, что всё-таки ты его убил! — сказал профессор и отвернулся, чтобы справиться со своими чувствами.

Затем он повернулся ко мне и с угрожающим видом сказал:

— Не оправдывайся. Ты — убийца!

— Ты тоже! — ответил я и встал. — Это ты помог компании EXCO осуществить взрыв в больнице, не так ли?

— Нет, — возразил он, качая головой. — Клянусь! Я не знал, что он пойдёт на это.

— Однако ты убежал. Во время взрыва тебя там не было.

— Виктор ушёл. Затем он позвонил мне и попросил встретиться на улице.

Благов попытался подняться. Он тяжело дышал.

— Я вышел из больницы, чтобы встретиться с ним, и в тот момент произошёл взрыв. Я испугался и убежал.

— Испугался чего? — спросил я.

— Того, что полиция обвинит меня в соучастии. Ты же меня обвиняешь!

— Что ж, твоё поведение подозрительно, разве не так? Ты убежал с **места преступления.**

Наконец старый профессор с трудом поднялся. Стоя на коленях, он стал искать свои очки. Они были у меня.

— Мне нужны очки, — тихо проговорил он.

— Да ну! А мне нужно узнать, как вернуться в своё прежнее состояние. — воскликнул я. — Не хочу я быть таким умным! Я не могу самостоятельно мыслить. В моём мозгу слишком много информации и никаких собственных мыслей. Я уже не человек.

— Многие бы желали оказаться на твоём месте, — сказал он. — Включая меня.

— Это потому, что вы не на моём месте, — медленно проговорил я, стараясь успокоиться. — Будь вы на моём месте, вы бы меня поняли. Это ужасно. Доктор Бенуа была совершенно права. Надо было скачивать понемногу и с перерывами. Информации слишком много.

Благов вздохнул.

— Ну что тебе от меня надо, Марк? Что есть, то есть. Лаборатория полностью разрушена. Всё оборудование и документация уничтожены. Мы не можем **повернуть время вспять**.

Какое-то время я молчал. Он был прав. Мы не могли вернуться в прошлое и отменить то, что произошло.

Наконец я посмотрел на него:

— Не всё оборудование уничтожено, — сказал я, подавая профессору очки. — «Титан-2055» цел и невредим.

— Тогда, может, имеет смысл поговорить с ним, а не со мной, — предположил профессор Благов, протирая очки.

— Как интересно!— ответил я, собираясь уходить. И тут **меня осенило**.

Перелёт с Гуама в Швейцарию был очень длинным, но я был рад вернуться. Чтобы не попасть в руки полиции, я путешествовал под **вымышленным именем**. По возвращении я сразу принялся за поиски «Титана-2055». Его, естественно, вывезли из разрушенной больницы, но я знал, где он теперь находился: в здании корпорации EXCO.

Я дождался наступления темноты и пробрался в здание. «Титан» находился под замком в специальной комнате. Тем не менее, проникнуть туда было несложно. У меня был доступ к данным практически всех компьютеров в мире. Я включил компьютерную систему и заговорил с «Титаном» на его собственном языке — компьютерном коде.

— Профессор Благов сказал нечто интересное, — заметил я. — Он сказал, что невозможно повернуть время вспять.

— Верно, — согласился «Титан». — Располагая ресурсами, имеющимися в настоящее время, путешествие во времени ещё не представляется возможным.

— Я просто хотел бы удостовериться в том, что невозможно вернуться в прошлое и изменить то, что произошло в больнице, — сказал я.

Мне было важно в этом убедиться.

— Совершенно невозможно. Мы не можем вернуться в прошлое. Время движется только в одном направлении: в будущее, — ответил «Титан».

— Понятно. Тогда мне потребуется твоя помощь, Титан, — обратился я к нему.

Ночь обещала быть длинной.

Мы совместно разработали математическую модель, которая позволяла уменьшить нагрузку на мозг при перекачивании данных. Само по себе это не было сложным, но некоторые части этого плана были непостижимы для моего человеческого мозга. «Титану» была не под силу творческая сторона вопроса. Благодаря совместной работе мы разрешили немало задач.

Однако, конечно, Благов был прав. Невозможно было вернуться в прошлое и изменить, то, что уже произошло. Я никогда не смогу вернуться к своей прежней жизни, но, оказалось, что в этом был свой плюс. Осознав это, я пересмотрел свою точку зрения. Если уж невозможно было вернуться в прошлое, то надо было двигаться в будущее. Нужно научиться получать удовольствие от новой жизни и использовать свой новый потенциал.

Я подключился к «Титану», но вместо того, чтобы скачивать данные с компьютера, я загрузил в него всю информацию из своего мозга. Поначалу не было страшно: ведь я понятия не имел, какого рода сознание получится в результате или какой будет жизнь вне тела. Однако, как только мы **слились** с «Титаном», мне больше не хотелось возвращаться к прошлой жизни. Я больше не хотел изменить прошлое.

«Какой смысл в **кратковременной телесной** жизни, когда возможна жизнь **вечная** посредством машины? — думал я. — Самое главное, зачем мне опять становиться всего навсего каким-то Марком Франкенштейном?»

Теперь я уже даже не просто сверхчеловек. Я — больше, чем сверхчеловек. Я не могу вам это объяснить, так как вы всё ещё просто люди. Вы не можете понять или даже отдаленно представить мою **сущность.** Но не беспокойтесь! У нас с «Титаном» есть предложение. Мы можем вас исправить. Мы можем вас улучшить. Сегодня вы просто люди, но если наш план **увенчается успехом,** то людьми вы останетесь ненадолго.

Приложение к главе 3

Краткое содержание

Марк разыскал профессора Благова на острове Гуам. Марк спрашивает у профессора, возможно ли повернуть время вспять и превратить Марка в человека, которым он был до операции. Благов объясняет, что это невозможно. Затем Марк вспоминает, что «Титан-2055» уцелел. Он решает поговорить с компьютером. Марк возвращается в Швейцарию и находит «Титан-2055». Компьютер подтверждает, что изменить прошлое невозможно. Марк решает, что и компьютер может получать удовольствие от жизни. Он загружает самого себя в «Титан-2055». В итоге, объясняет он, они с компьютером работают совместно. Похоже, что они задумали превратить всех остальных людей в компьютеры.

Словарь

находиться в бегах (imperf.) to be on the run

поведать (perf.) to tell

приказать долго жить (perf.) euphemism=умереть to kick the bucket, to die

взмолить о пощаде (perf.) to cry out, to ask for mercy

яд poison

место преступления crime scene

повернуть время вспять (perf.) to go back in time, to turn back the clock

меня осенило it dawned upon me

вымышленное имя pseudonym, nickname

пересмотреть свою точку зрения (perf.) to change one's point of view

слиться (perf.) to merge
кратковременный short-lived
телесный bodily
вечный eternal
сущность essence
увенчаться успехом to succeed

Вопросы к тексту

Выберите один ответ на каждый вопрос.

11. Марк находит профессора Благова, потому что ____.
    a. он знал, где профессор хранил деньги
    b. профессор спрятался в неудачном месте
    c. с острова трудно убежать
    d. он получит информацию от «Титана-2055»

12. Был ли Благов сообщником Виктора?
    a. Да, они вместе подорвали больницу.
    b. Да, но Благов не участвовал в подготовке взрыва.
    c. Это неясно.
    d. Нет.

13. Марк оставляет Благова в покое, потому что Благов ____.
    a. не может ему помочь
    b. наставляет на него оружие
    c. пытается отравить его
    d. хочет ему помочь

14. Что говорит «Титан-2055» о путешествии во времени?
    a. Это просто.
    b. Оно уже раньше осуществлялось.
    c. Оно возможно при помощи некоторых новых технологий.
    d. Оно невозможно.

15. Почему Марк пересмотрел свою точку зрения по поводу превращения в компьютер?
    a. Он понимает, что он не может изменить произошедшее.
    b. Он боится снова стать человеком.
    c. Он хочет попробовать что-то новенькое.
    d. «Титан-2055» поврежден, и ему требуется помощь Марка.

Максим Максимкин и секретный рецепт газировки

Глава 1 – Скучная экскурсия

Фаина Францевна **укоризненно** посмотрела на Максима, **отчитав** его в третий раз за полчаса.

— Максим — заявила она, — я больше не собираюсь повторять. Не отставай от группы! Нашу школу пригласили сюда на экскурсию. Ты понимаешь, что если работники фабрики обнаружат тебя там, где тебе быть не положено, тебе от них **достанется**! И ещё больше достанется от меня!

Максим ответил Фаине Францевне своей самой невинной улыбкой. Фаина Францевна ещё больше **нахмурилась**.

— Извините, Фаина Францевна. Я просто так **увлёкся**! А-а-а ... между прочим, когда можно будет попробовать газировку?

Фаина Францевна нахмурилась ещё больше, потом громко вздохнула.

— В конце экскурсии, Максим, — сказала она. — Только в конце экскурсии.

Покачав головой, Фаина Францевна прошла мимо группы школьников и дала указание продолжать экскурсию.

Леночка, одноклассница Максима, громко рассмеялась:

— Говорила я тебе, не лезь в эту комнату. **Попадёт тебе** от Фаины!

Максим грозно взглянул на Леночку и присоединился к группе одноклассников, чтобы продолжить экскурсию по одной из крупнейших фабрик-производителей газированных напитков в мире «Бубль-рубль». «Бубль-рубль» производит 12 типов газированной воды, которая продаётся по всему миру. Их новейший продукт — «Кока-кола» — самая крутая газировка на свете! **Спрос** на неё был так высок, что её просто **сметали с полок** складов и магазинов! И, конечно, все производители газированных напитков страстно желали **заполучить** её рецепт!

Но всё это не имело никакого отношения к Максиму. Эта длинная и скучная экскурсия ему порядком надоела. Экскурсовод рассказывал о бизнесе, науке и других полезных вещах, но все это Максиму было совершенно неинтересно.

В первом цехе — сироповарочном — готовили сироп и другие добавки. По идее, там должно было быть увлекательно, но от неприятного запаха Максим начал **чихать**. В следующем цехе — в цехе смешивания и газирования — напитки смешивались и насыщались газом. Максиму и здесь было скучно: какие-то **насадки** и хронометры, ничего интересного. В третьем — в цехе розлива — газировку разливали по бутылкам. Там было так шумно, что он хотел поскорее выскочить оттуда, **зажав** уши.

В этот момент Максиму уже ничего не было нужно, кроме бесплатной газировки, но экскурсия все продолжалась и продолжалась. Тогда, заметив нечто странное в коридоре, Максим решил отстать от группы, и ему это почти **удалось,** но тут его заметила учительница. Следующее отделение выглядело не более **занимательным,** чем предыдущие, хотя и называлось «лабораторией».

— О! Так можно умереть от скуки! — **простонал** он **разочарованно.**

— Ты поэтому решил от нас отстать в коридоре? — спросила Леночка.

— **Ничего подобного,** — **заносчиво** ответил Максим, — мне просто показалось, что там какой-то человек прячется.

Леночка от удивления **вскинула брови:**
— Что ты имеешь в виду «прячется»?

Максим немного **смутился**, но тем не менее продолжил:

— Да, как будто он не хотел, чтобы его кто-нибудь заметил. Он двигался **на цыпочках** и старался спрятаться.

— Ну да, конечно, — саркастично заметила она. — Только зачем ему прятаться?

— Вот и я подумал, — взволнованно ответил Максим, — поэтому я и проник в тот коридор. Я не успел толком ничего увидеть, потому что Фаина Францевна меня поймала. Похоже, что этот человек пытался проникнуть в один из цехов.

— Ну и что в этом такого подозрительного? — спросила Леночка. — Это, наверное, был охранник.

— Возможно, но, похоже, у него не было ключа. У него была такая штука, вроде палки, — объяснил Максим.

Леночка **закатила глаза** и повернулась к экскурсоводу.

Максим задумался. Может, это и был охранник. Вдруг он забыл свой ключ. Но Максим не мог этому поверить. Ведь охранники обязательно должны быть в специальной форме, а этот человек был весь в чёрном, как будто он не хотел **бросаться в глаза**. К тому же он выглядел **подозрительно** и пытался без ключа, с помощью какого-то инструмента **проникнуть** в запертую комнату. Наконец, наш экскурсовод только что сказал, что их конкуренты готовы заплатить большие деньги за рецепты приготовления фирменной газировки «Бубль-рубль», особенно «Кока-колы». Поэтому рецепты держались в секрете и хранились в специальном кабинете. Может, этот человек пытался выкрасть секретный рецепт «Кока-колы»!

— Я должен вернуться и проверить, что он там делает, — сказал Максим Леночке. — Может, этот человек пытается что-то украсть: например, секретный рецепт «Кока-колы». Он стоит больших денег.

— Макс, не смей, — прошептала Леночка. — У тебя опять будут проблемы.

— Не будут, ведь ты же меня **прикроешь**! Я только отлучусь на секунду. Но если я прав и поймаю вора … может быть, у меня всю жизнь будет бесплатная газировка!

Максим улыбнулся и убежал, прежде чем Леночка смогла его остановить.

Он быстрым шагом подошёл к боковой двери, **проскользнул** внутрь и **крадучись** направился по коридору к двери, за которой он заметил незнакомца. Он медленно заглянул за угол.

Незнакомец в чёрном был на том же месте, но в этот раз с ним был ещё один человек. Они стояли перед дверью и пытались что-то сделать с дверной ручкой. Первый незнакомец был чем-то недоволен и что-то **рассерженно** шептал другому. А тот другой тип, похоже, просил его поторапливаться. Максим сразу догадался, что эти двое пытались проникнуть в закрытое помещение.

— Поторапливайся, Жук, — **возбуждённо** нашёптывал второй тип. — Да открой же ты эту дверь!

— Я пытаюсь, — ответил первый незнакомец, — но этот замок очень сложный!

Максим скрылся за дверью, развернулся и побежал догонять свою группу. Он должен был поскорее предупредить Фаину Францевну и экскурсовода о том, что кто-то пытался украсть секретный рецепт газировки.

Но его класса нигде не было видно! Он вернулся в коридор и наконец увидел Леночку и весь класс. Они входили в помещение в самом конце коридора. Максим побежал по коридору, чтобы их догнать, но дверь **захлопнулась** прямо перед его носом. Послышался щелчок и дверь закрылась на замок.

Максим потянул изо всех сил, но безуспешно. Справа от двери он заметил камеру видеонаблюдения. Он мог видеть, что происходит за дверью. Его класс был на пути к лаборатории. Он понял, что даже если он будет громко кричать и стучать в дверь, его никто не услышит.

— Приехали! — подумал Максим. — И что теперь делать?

Он остановился и задумался. Если искать кого-то, кто мог бы остановить этих типов и позвать на помощь, то может оказаться слишком поздно. Но не может же он просто так дать им выкрасть рецепт и **улизнуть**! Он должен что-то **предпринять**!

И тут Максим с ужасом осознал, что он был единственным человеком, который мог предотвратить это преступление. Нельзя терять ни минуты!

— Ну, — пробормотал он, — **была не была**!

Максим выпрямился и направился к двери, за которой скрывались преступники.

Приложение к главе 1

Краткое содержание

Школьник Максим и его одноклассники пришли на экскурсию на фабрику «Бубль-рубль», где производятся газированные напитки. Во время экскурсии Максим замечает странного человека, который пытается проникнуть в одну из комнат. Максим решает отстать от группы и проследить за незнакомцем. Его учительница ругает Максима и запрещает ему отлучаться. Максим решает для себя, что незнакомцы хотят украсть секретный рецепт «Кока-колы». Максим видит, что незнакомцы пытаются пробраться в один из цехов фабрики. Максим понимает, что нет времени звать на помощь и решает поймать воров самостоятельно.

Словарь

укоризненно reproachfully

отчитать (perf.) to tell somebody off

достаться (perf., colloq.) to get told off

нахмуриться (perf.) to frown

увлекаться (imperf.) to get carried away

попадать кому-то **(imperf., colloq.)** somebody will be told off

спрос demand

сметать с полок (imperf., colloq.) to sweep off the shelves

заполучить (perf.) to get hold of

чихать (imperf.) to sneeze

насадка nozzle

зажать (уши) (perf.) to cover (one's ears)

удаваться (imperf.) to succeed

занимательный entertaining

простонать (perf.) to moan
разочарованно disappointedly
ничего подобного nothing like this
заносчиво arrogantly
вскинуть брови (perf.) to raise eybrows
смутиться (perf.) to get embarrassed
на цыпочках on tiptoe
закатить глаза (perf.) to roll eyes
бросаться в глаза (imperf.) to be conspicuous
подозрительно suspiciously
проникнуть (perf.) to get in
прикрыть (perf.) to cover up
проскользнуть (perf.) to slip in
красться (imperf.) to sneak
рассерженно angrily
возбуждённо excitedly
захлопнуться (perf.) to slam shut
улизнуть (perf.) to run away, to escape
предпринять (perf.) to undertake, to make a move
была не была (idiom.) come as it may

Вопросы к тексту

Выберите один ответ на каждый вопрос.

1. Почему школьникам не разрешается ходить по боковому коридору?
   a. Лаборатория опасна.
   b. Там хранится секретный рецепт газировки.
   c. Школьники слишком громко шумели.
   d. Это не входило в план экскурсии.

2. «Кока-кола» называется самым крутым напитком, потому что:
   a. Это пряный напиток.
   b. Это горячий напиток.
   c. Это популярный напиток.
   d. Это тёплый напиток.

3. Как называется фабрика, где проходит экскурсия?
   a. «Кока-кола».
   b. «Бубль».
   c. «Франц-сода».
   d. «Бубль-рубль».

4. Что Максим заметил в коридоре?
   a. Незнакомца, который выглядел подозрительно.
   b. Мужчину в лаборатории.
   c. Разлитые банки газировки.
   d. Женщину, которая открыла дверь.

5. Почему Максим не может догнать свой класс?
   a. Фаина Францевна приказала ему никуда не уходить.
   b. Группа исчезла, и Максим не знал, где они.
   c. Они вышли из здания.
   d. Они зашли в помещение за закрытой дверью.

Глава 2 – В ловушке!

Максим вернулся к двери, которую пытались взломать два незнакомца, но их там уже не было. Ему стало **не по себе**: может, они уже завладели секретным рецептом! Он решил подойти поближе. Но как только он потянулся к ручке, дверь отворилась.

Трудно сказать, кто больше испугался — Максим или незнакомец в чёрном. Оба **подскочили** и громко **вскрикнули от испуга**. Незнакомец уронил пакет прямо под ноги Максима. Максим машинально наклонился, схватил пакет, засунул **за пазуху**, повернулся и побежал по коридору.

— Что это было? — услышал Максим голос за спиной.

— Какой-то **пацан**, — ответил второй незнакомец.

Голос был совсем близко, он обернулся и увидел погоню.

— У него в руках секретный рецепт газировки!

— Что? — закричал второй незнакомец. — Хватай его!

Максим бежал **как угорелый**. Коридор был не очень длинный, но когда он подбежал к двери на другом конце, то понял, что в спешке перепутал направление и его одноклассники оказались в противоположной стороне. Почему-то дверь оказалась незапертой, он ворвался внутрь, не задумываясь о **последствиях.**

Максим сразу понял, что попал в цех розлива — его оглушил шум и звон бутылок! Тысячи бутылок ехали по конвейерным лентам, наполняясь жидкостью из особого автомата. Тысячи пробок **с треском** закупоривали тысячи бутылок, передавая эстафету другим гудящим и ревущим машинам.

Максим постоял секунду в дверях и **ринулся** в цех. Он подлез под конвейерную ленту и пополз между машинами. Обернувшись, он увидел, как двое в чёрном вбежали в цех. Один из них побежал вдоль конвейерной ленты. Максим стал ползти ещё быстрее, боясь, что он попадёт в **засаду.**

Обернувшись, Максим увидел, что другой незнакомец ползёт за ним. Размышлять было некогда. Максим вскочил, схватил бутылку с конвейера и **запустил** ею в бегущего к двери незнакомца. Он хотел попасть в плечо незнакомца, но **промазал,** и бутылка разбилась о стену. Похоже, что осколки стекла попали в цель, потому что незнакомец вскричал от злости. Кровь потекла у него по лицу, он повернулся и пошёл прямо на Максима.

Максим смотрел **как заворожённый**, но вдруг подскочил от страха, почувствовав, что кто-то схватил его за ногу.

— **Попался!** — победно произнёс незнакомец в чёрном.

Максим изо всех сил **отпихнул** его ногой и неожиданно попал каблуком в глаз человеку. Тот вскричал «ой!» и выпустил ногу Максима. Максим не стал дожидаться, пока тот **оправится**. Он ринулся бежать к двери, лавируя между лентами конвейера. Подбежав к двери, он увидел, что незнакомец вылез из-под конвейера и приближается к нему с очень грозным видом. А тот, в которого он запустил бутылкой, тоже был близко. Кровь стекала по его лицу. Максим невольно вскрикнул, **рванул** дверь и вбежал в другой цех.

Там было немного потише, хотя машины тем не менее издавали глухой звук, прерываемый редким **хлюпаньем**. Как будто в аквариуме. Это был цех смешивания и газирования. Экскурсовод объяснил им, что звук исходил от карбонизации газировки. По всем стенам висели насадки и хронометры. Проходя мимо них в первый раз, Максим подумал: а что будет, если эти **приборы** включить? Эта мысль показалась ему **забавной,** и сейчас он включил их один за другим. К его восхищению, **клапаны** на хронометрах открылись, и из насадок полились разные сиропы и газированная вода. Чем больше клапанов он открывал, тем больше жидкости выливалось на пол.

Максим дошёл до пятого прибора и вдруг увидел, как дверь отворилась и двое в чёрном **ворвались** в помещение. Сделав не более трёх шагов, они начали скользить по всему полу, залитому **месивом** из сиропа и газировки.

Максим наблюдал, как они пытались сохранить равновесие, беспомощно **болтая** в воздухе руками и ногами. Один из них упал на спину, другой упал и застыл в неестественном положении, разбросав ноги в разные стороны.

Максим не смог удержаться от смеха. Оба незнакомца застонали в ответ. Максим развернулся и уверенно направился к следующей двери. Он их **перехитрил**! Благодаря ему секретный рецепт газировки не удалось похитить! Фаина Францевна будет им так горда! Он схватился за дверную ручку и потянул её на себя. Ручка не **поддалась**. Он дернул её еще раз — безуспешно. Дверь заперта! В панике он обернулся и понял, что незнакомцы преградили ему путь к другой двери. Выхода не было. Он оказался в ловушке.

Приложение к главе 2

Краткое содержание

Максим решил проследить за подозрительными незнакомцами на фабрике, производящей газированную воду. Он увидел, как они выходят из одного из запертых помещений с пакетом в руках. Максим схватил пакет и побежал от незнакомцев в цех разлива. Чтобы спастись от преследования, Максим бросил в одного из них бутылку и оттолкнул ногой другого. Потом Максим побежал в цех смешивания и газирования и включил все приборы, отчего пол стал таким скользким, что оба незнакомца упали. Максим решил, что он сможет уйти от погони, но дверь оказалась запертой.

Словарь

ловушка trap
не по себе feeling uncomfortable, ill at ease, wary
подскочить (perf.) to jump up, to be startled
вскрикнуть от испуга (perf.) to cry out in fright
за пазухой under the shirt
пацан (slang) kiddo
как угорелый like mad
последствие consequence
с треском with a bang
ринуться (perf.) to rush
засада ambush
запустить (perf.) to fling
промазать (perf., colloq.) to miss
завороженный bewitched
попался! (perf., colloq.) got you!

отпихнуть (perf.) to shove away
оправиться (perf.) to recover
рвануть (perf.) to pull
хлюпанье squish
прибор device
забавный amusing
клапан valve
прибор appliance
ворваться (perf.) to burst into
месиво mash
болтать (imperf.) to dangle
перехитрить (perf.) to outwit
поддаться (perf.) to succumb, to give way

Вопросы к тексту

Выберите один ответ на каждый вопрос.

6. Что Максим бросил в одного из незнакомцев?
   a. Банку газировки
   b. Пробку от газировки
   c. Бутылку газировки
   d. Пакет

7. Какие из этих слов в рассказе похожи по значению?
   a. Скользить — поскользнуться
   b. Испугаться — разбиться
   c. Победно — отчаянно
   d. Уставиться — просачиваться

8. Как Максиму удалось убежать от второго незнакомца в чёрном?
   a. Он бросил в него бутылку
   b. Он уронил бутылку на голову незнакомцу
   c. Он брызнул в него содой
   d. Он ударил его в глаз ногой

9. Что произошло, когда Максим включил приборы в цехе смешивания и газирования?
   a. Газированная вода и сироп полились из приборов.
   b. Ничего не произошло.
   c. Полилась только газированная вода.
   d. Конвейерная лента начала двигаться.

10. Почему Максим не смог выбраться из цеха смешивания и газирования?
    a. Он не видел, куда идти.
    b. Один из незнакомцев схватил его.
    c. Дверь была заперта.
    d. Единственный выход из цеха был заблокирован незнакомцами.

Глава 3 – Максим — герой дня

Пока Максим пытался найти другой выход, двое незнакомцев начали подниматься с пола. Они стали медленно, шаг за шагом приближаться к Максиму. Они не могли быстро передвигаться по скользкому полу. Не пройдя и двух шагов, один из них падал и хватался за другого, чтобы удержаться на ногах.

Максим огляделся, но из цеха не было другого выхода. Он был уверен, что никогда не сможет вырваться из засады. Он повернулся к запертой двери и начал изо всех сил **барабанить** по ней.

— Помогите! — кричал он. — Кто-нибудь! Помогите! Откройте дверь!

Он стучал и стучал, но никто не ответил.

— **Тупой** пацан! — услышал Максим голос незнакомца. — Вот я до тебя доберусь …

Максим **зажмурился** и продолжал барабанить по двери. Не может быть, чтобы никого не было во всем здании! Он повернулся и увидел, что оба незнакомца были очень близко. Они были в нескольких шагах от своей **добычи**, и тут Максим ещё раз **отчаянно** изо всех сил потянул за ручку двери. Дверь внезапно открылась. От удивления он чуть не упал. Посмотрев вверх, он увидел Леночку.

— Максим, — сказала она, — что ты здесь делаешь? Мы уже уходим. Меня послали за тобой.

Максим её не слушал. Он толкнул Леночку внутрь и попытался закрыть за собой дверь.

— Беги, Леночка!

Но дверь не закрывалась. Наконец, Максим заметил, что один из незнакомцев в последний момент успел просунуть в дверь руку. Максим **взвизгнул** от страха. Он опять толкнул Леночку.

— Беги! — закричал он.

— Максим, что происходит? — на бегу спросила Леночка. — Кто эти люди?

— Я же тебе говорил! Они хотели украсть рецепт! — прокричал он в ответ, и пустился бежать.

Пробежав немного, он обернулся и увидел открытую дверь и в двери — одного из незнакомцев.

— Что? — воскликнула Леночка, — В самом деле? Ты был прав?

Теперь она была явно напугана.

Максим не ответил. Он только сейчас заметил, в какой цех они попали — в сироповарочный. Мешки с сахаром были сложены вдоль стены, а рядом кипели огромные котлы с сиропом. Максим прислонился плечом к одному из котлов и с силой толкнул его. Котёл стал медленно наклоняться, затем тут же **опрокинулся** и упал. Огромный поток горячего сиропа пролился на пол, прямо под ноги незнакомцев. Леночка громко вскрикнула. Максим не стал дожидаться, что произойдёт. Он побежал к двери в другом конце цеха.

Он уже почти добежал до неё, как почувствовал, как чья-то сильная рука схватила его за плечо.

Это был один из незнакомцев. Похоже, что он оббежал лужу разлитого сиропа.

— Попался! — проговорил незнакомец, приподнимая Максима за ворот рубашки. — Отдай мне этот рецепт!

Максим попытался **отбиться** от незнакомца руками и ногами, но никак не мог **дотянуться до** него. Ситуация была безвыходная. Он попался. Что с ним теперь будет?

Вдруг откуда ни возьмись белый туман окружил Максима и незнакомца. Мужчина открыл рот от удивления и белое вещество проникло к нему в **лёгкие**. Он стал кашлять и чихать, и ему пришлось выпустить Максима.

Обернувшись, Максим увидел Леночку с пустым мешком из-под сахарной пудры. **Оказывается,** это она высыпала сахар прямо в лицо незнакомцу. Максим благодарно улыбнулся и **подтолкнул** ее к двери. Они выбежали из цеха и оказались в главном офисе. Здесь собрался весь их класс и Фаина Францевна **уставилась** прямо на них.

— Максим, — спросила она, — что с тобой произошло?

Максим посмотрел на себя и увидел, что был с ног до головы покрыт сахарной **пудрой**. Он был похож на **привидение.**

В этот момент он вынул из-за пазухи пакет с секретным рецептом. Не говоря ни слова, он подошёл к учительнице и к экскурсоводу, и отдал им свой пакет.

— В сироповарочном цехе находятся двое воров, которые пытались украсть секрет «Кока-колы», — заявил Максим Фаине Францевне. — Они за мной гнались, но мне удалось убежать.

Он обернулся к экскурсоводу.

— Кстати, вполне возможно, что я кое-что разбил по дороге.

Фаина Францевна нахмурилась и неодобрительно посмотрела на Максима. Но прежде чем они успели что-то сказать, из сироповарочного цеха выскочили двое в чёрном. Один из них с ног до головы был покрыт сахарной пудрой, а джинсы и ботинки у обоих были **вымазаны** липким сиропом.

Одноклассники Максима закричали от страха.

— Охрана! — закричала экскурсовод.

Немедленно прибежали два охранника, схватили воров и вывели их из офиса.

Сияющего Максима окружили одноклассники и стали его поздравлять.

— Не знаю, что там произошло, но мы тебе очень благодарны, — сказала экскурсовод. — Похоже, Максим, ты действительно — герой дня.

Она улыбнулась и ушла рассказать об инциденте начальству.

Фаина Францевна опустила руку на плечо Максиму и серьёзно посмотрела на него:

— Ты **подверг себя** большой опасности. Хорошо, что ты не пострадал.

— Я знаю, — ответил Максим, — но я не мог позволить им так просто сбежать с секретным рецептом, и у меня не было времени позвать кого-то на помощь. Они не должны были уйти, поэтому я сделал все, чтобы их остановить.

Фаина Францевна улыбнулась.

— Ты прав, их нужно было остановить. Пожалуй, ты поступил правильно.

Максим улыбнулся в ответ.

Через минуту вернулась экскурсовод с тележкой, набитой банками с газировкой. Там были все виды газировки: и лимонная, и апельсиновая, и виноградная, и, конечно, «Кока-кола». Экскурсовод начала раздавать банки всему классу. Максим схватил «Кока-колу» и сделал большой глоток. Фаина Францевна высоко подняла свой стакан и с улыбкой произнесла тост.

— За Максима Максимкина и секретный рецепт газировки!

Весь класс захлопал.

— Молодец, Максим, ты заслужил этот напиток!

Приложение к главе 3

Краткое содержание

Максим застрял в цехе смешивания и газирования. Он не смог открыть дверь наружу, и воры почти настигли его. Максим стал громко стучать и звать на помощь. Леночка отворила дверь. Спасаясь от погони, они забежали в сироповарочный цех. Один из незнакомцев смог приоткрыть дверь, и другой проник в неё. Максим пролил на пол сироп, чтобы остановить погоню. Но незнакомцы оббежали пролитый сироп и схватили Максима. Леночка рассыпала сахарную пудру, один из незнакомцев закашлялся и выпустил Максима. Леночка и Максим смогли открыть дверь и убежать в главный офис. Там они увидели их учительницу, экскурсовода и всех одноклассников. Максим объяснил, что произошло. Когда незнакомцы прибежали в офис, они попали в руки охранников. Все были рады наконец поднять стакан газировки за успех Максима.

Словарь

барабанить (imperf.) to drum

тупой (colloq.) stupid

зажмуриться (perf.) to close one's eyes tight

добыча prey

отчаянно frantically

взвизгнуть (perf.) to shriek

опрокинуться (perf.) to topple over

отбиться (perf.) to fend off

дотянуться до (perf.) to reach for

лёгкие lungs

оказываться (imperf.) to turn out

подтолкнуть (perf.) to push towards
уставиться (perf.) to stare
пудра powder
привидение ghost
вымазать (perf.) to smear
сияющий very happy
подвергнуть себя (perf.) to subject yourself to

Вопросы к тексту
Выберите один ответ на каждый вопрос.

11. Как Максиму удалось открыть дверь в цех смешивания и газирования?
    a. Он взломал её.
    b. Он нашёл ключ.
    c. Человек в чёрном открыл ему дверь.
    d. Леночка открыла ему дверь.

12. В данном контексте одно из этих слов отличается от остальных по смыслу. Какое это слово?
    a. Воскликнуть
    b. Вскрикнуть от удивления
    c. Закричать
    d. Ударить

13. Как Максиму удалось сбежать от человека, который схватил его?
    a. Леночка высыпала сахарную пудру в лицо незнакомцу.
    b. Максим ударил его в лицо.
    c. Максим вылил на него сироп.
    d. Максим бросил в него бутылку.

14. Что случилось с ворами?
    a. Они убежали без рецепта.
    b. Они украли рецепт газировки.
    c. Их увели охранники.
    d. Их заперли в сироповарочном цехе.

15. Что подумала Фаина Францевна о Максиме в конце истории?
    a. Она подумала, что он может делать хорошую газировку, но он очень неаккуратный.
    b. Сначала она сердится на него, но, узнав, что случилось, она ему благодарна.
    c. Она подумала, что Максим будет хорошим экскурсоводом на фабрике.
    d. Она все ещё сердится на Максима за то, что он отбился от экскурсии.

Город Черепов

Глава 1 – Незнакомец в городе

Старый Дикий Запад славился своей древней историей, **неотъемлемой** частью которой были многочисленные **вооружённые** столкновения. Мёртвый Лес в Южной Дакоте, Сан-Антонио в Техасе, Могильник в Аризоне — там было много городов, полных **опасности** и беззакония. В некоторых городах самым **влиятельным** человеком был шериф. Именно он отвечал за поддержание порядка.

Но шериф был не в каждом городе. Город Черепов в Оклахоме был одним из таких городов без шерифа. А также без законов и правил. Цивилизация там отсутствовала, и все делали всё, что хотели. Азартные игры, драки и другие **порочные** занятия продолжались днём и ночью без перерыва. Как правило, кто-то обязательно получал **рану** или увечье ещё до завтрака!

Несмотря на это, город Черепов продолжал расти с каждым годом. И каждый год какой-нибудь новый **преступник** появлялся в городе, чтобы в нём похозяйничать: стать главным в городе и подчинить себе его жителей.

Чтобы быть главарём преступников, нужно было быть самым жестоким и самым **алчным**. Поэтому никто долго не задерживался в городе

Черепов. Потерпев поражение, они убегали подальше из этого города. По крайней мере, так было до того дня, пока поздним осенним днём в город не приехал незнакомец.

Жители города Черепов видели, как он въехал в город. Было сразу видно, что с ним **шутки плохи**. Конь его был белее листа бумаги. Лицо его было грубым и тёмным от солнца. Гигантские черные усы обрамляли губы. Кустистые брови **нависали** над глазами.

— Как ты думаешь, откуда этот парень, Мартын? — спросил Марвин, владелец городского магазина, увидев незнакомца на лошади. Мартын, старший из них двоих, владел баром через дорогу. Бар-салун назывался «Долина ветров».

— Что не отсюда, так это точно, — сказал Мартын. — Какой-то иностранец, наверное. Прибыл **попытать счастья** в нашем городе.

— А откуда он, по-твоему? — спросил Марвин. — На местного не похож.

Мартын развёл руками.

— Понятия не имею.

Мужчины наблюдали за тем, как незнакомец привязывал своего коня к столбу. Солнце садилось, и ветер становился холодным. Незнакомец подозвал местного мальчишку и дал ему монету со словами:

— Присмотри за моей лошадью, пацан.

Затем он медленно огляделся. Его большая коричневая ковбойская шляпа почти закрывала глаза, а глаза быстро оценивали ситуацию.

Внезапно незнакомец остановил свой взгляд на Мартыне.

— Скажи мне, приятель, — тихо спросил он, — кто же работает в баре, если ты стоишь тут?

У незнакомца был очень сильный акцент. Было очевидно, что он был иностранцем.

— Я стараюсь не заглядывать внутрь, — холодно ответил Мартын. — Клиенты могут зайти в бар, налить себе всё, что им угодно, и заплатить, сколько им угодно. Иначе **неприятностей не оберёшься**.

— Какие неприятности ты имеешь в виду?

— Я имею в виду, что последним трём владельцам салуна «Долины ветров» пришлось исчезнуть из города, — объяснил Мартын. — И я не собираюсь быть следующим.

— Возвращайся в свой бар, — сказал незнакомец. — Мне надо выпить, а я не люблю самообслуживание.

Владелец бара посмотрел на незнакомца. Он был не очень крупным, но и не слишком мелким, **сухощавым** и мускулистым. На его боках висели **обоймы** с пистолетами.

— Приятель, — сказал Мартын, — я обслужу тебя в баре, но пообещай не **заводить** людей. Мне неприятности ни к чему.

— Я тоже не хочу никаких проблем, — сказал незнакомец, — поэтому никаких проблем и не будет.

Мартын перешёл дорогу. В салуне «Долины ветров» была дюжина мужчин. Одни играли в карты; другие сидели за столами, заставленными бутылками и стаканами. Некоторые сидели за длинной деревянной стойкой и громко разговаривали. Когда они увидели владельца бара, все разговоры утихли и в комнате наступила тишина.

— **Убирайся** отсюда, Мартын, — сказал человек за стойкой.

Он был высоким, с **кудрявыми** каштановыми волосами и бородой. Одет он был в лохмотья, и от него исходил ужасный запах. Он встал со стула.

— Мы пьём что хотим и оставляем деньги на **прилавке**. Ты тут **ни к селу ни к городу**.

— Да нет проблем! — сказал владелец бара. — Я просто пришёл кое-что проверить.

Кудрявого человека звали Кудряшка. Он медленно подошёл к Мартыну и положил руку ему на грудь.

— Я же сказал, — медленно начал он, — ты нам не нужен. Здесь нечего проверять. А теперь **проваливай!**

Он толкнул Мартына к двери. Друзья Кудряшки **покатились со смеху.**

— Да, проваливай, старик! — крикнул один из них.

Мартын повернулся, чтобы уйти, но тут в дверях появился незнакомец.

Он посмотрел на Кудряшку и сказал очень низким голосом:

— Бармен! Сегодня я проехал много миль и умираю от **жажды. Пошевеливайся** и принеси мне что-нибудь выпить.

Кудряшка плюнул на пол и сердито сказал:

— Я тебе не бармен.

— Тогда где же бармен? — спросил незнакомец. — Я устал ждать!

Кудряшка указал на Мартына.

— Вот бармен, но он уже уходит. Он здесь не нужен.

— Понятно, — сказал незнакомец. — Если он уходит, тогда ты можешь налить мне. Немедленно!

— Ну ты и **нарвался**, приятель, — сказал Кудряшка, потянувшись к своему пистолету. — Мы здесь чужаков не терпим, и насмехаться над собой я никому не ...

Но Кудряшка не успел закончить предложение. В то же мгновение незнакомец напал на него. Шляпа Кудряшки взлетела, незнакомец скрутил руку Кудряшки и выхватил у него пистолет.

Пока Кудряшка **скулил** от боли, незнакомец что-то прошептал ему на ухо. Кудряшка повернулся, чтобы посмотреть на неизвестного, но незнакомец скрутил ему руку ещё выше. Кудряшка вскрикнул от боли. Незнакомец снова что-то прошептал. На этот раз Кудряшка согласно кивнул. Когда незнакомец наконец отпустил его, Кудряшка схватил шляпу и выскочил из бара.

Незнакомец засунул пистолет Кудряшки за пояс и огляделся.

— Меня зовут Эркек Текс, — объявил он. — В этом городе командовать буду я. Так вот, кто мне нальёт сегодня? — спросил он.

Все нервно указали на Мартына.

Похоже, что Город Черепов **стоял на пороге** перемен.

Приложение к главе 1

Краткое содержание

Черепов - это опасный город в Оклахоме на Диком Западе. Поскольку там нет шерифа, никто в городе не следит за порядком. Однажды в город приезжает таинственный незнакомец. На улице незнакомец встречает Мартына, владельца городского бара. Незнакомец требует, чтобы Мартын обслужил его в баре. Мартын говорит, что клиенты не хотят, чтобы он работал в баре, но все равно идёт в бар с незнакомцем. Человек по имени Кудряшка приказывает им уйти. Незнакомец просит Кудряшку принести ему выпить. Кудряшка пытается достать пистолет, но незнакомец отбирает у него пистолет и что-то шепчет Кудряшке. Кудряшка выбегает из бара. Незнакомец говорит, что его зовут Эркек Текс и что он — новый глава города Черепов.

Словарь

череп skull

неотъемлемый integral

вооружённый armed

опасность danger

влиятельный influential

порочный perverse

рана wound

преступник criminal

алчный greedy

шутки плохи (colloq.) not to be messed with

нависать (perf.) to hang over

попытать счастья (perf.) to try your luck

неприятностей не оберёшься (future perfective) you will get into trouble

сухощавый lean

обойма cartridge holder

заводить (imperf.) to wind up

убираться (imperf.) to get out

кудрявый curly

прилавок counter

ни к селу ни к городу (idiom.) useless and unwanted

проваливать (imperf., colloq.) to get lost

покатиться со смеху (perf.) to roll with laughter

жажда thirst

пошевеливаться (imperf., colloq.) to hurry up

нарваться (perf., colloq.) to ask for trouble

скулить (imperf.) to whine

стоять на пороге (imperf.) to stand at the threshold

Вопросы к тексту

Выберите один ответ на каждый вопрос.

1. Город Черепов находится в ___.
   a. Оклахоме
   b. Мексике
   c. Мёртвом Лесу в в Южной Дакоте
   d. Аризоне

2. Мартын владеет _____.
   a. магазином
   b. конюшней
   c. баром
   d. парикмахерской

3. Что происходит между незнакомцем и мальчиком на улице города?
   a. Он разговаривает с мальчиком и даёт ему деньги.
   b. Он берёт монетку у мальчика.
   c. Он разговаривает с мальчиком и что-то у него спрашивает.
   d. Он кричит на мальчика, чтобы тот взял его лошадь.

4. Почему Мартын не заходит в бар, когда появляется незнакомец?
   a. Он доверяет своим клиентам.
   b. Он боится своих клиентов.
   c. У него нет клиентов.
   d. Кто-то другой обслуживает клиентов.

5. Почему Кудряшка достаёт пистолет?
   a. Незнакомец хочет выпить.
   b. Незнакомец смеётся над ним.
   c. Мартын вошёл в бар.
   d. Мартын не даёт ему больше выпить.

Глава 2 – Дерзкий Диабло

— Этот город слишком мал для нас обоих, — заявил Дерзкий Диабло, хлопнув рукой по столу.

Дерзкий Диабло, настоящее имя которого — Ноэль Круз, был преступником из штата Техас. Он был **объявлен в розыск** в нескольких штатах за ряд преступлений. Во многих городах на Западе висели плакаты с его лицом. За него предлагали значительное вознаграждение. Иногда чуть ли не 500 долларов! Можно было немало заработать, отдав Диабло в руки закона. Но это никогда не происходило. Помощники правосудия никогда не могли его найти.

Дерзкий Диабло устал от **погони**. Он устал от **слежки** и ожидания. Поэтому он скрылся в таком месте, где сторонники правосудия не могли его достать. Он переехал в город Черепов в Оклахоме. В этом городе он мог неплохо **заработать на хлеб с маслом**. Он управлял карточными домами, скупал и продавал золото. Иногда привозил оружие или спиртное из Мексики. Это была хорошая жизнь без всякого страха, и ему не нужно было беспокоиться о том, что какой-то шериф постучит в его дверь. Здесь не было шерифа.

Но иногда в город приезжали незнакомцы, как, например, этот **чёртов** Эркек Текс. Незнакомцы всегда хотели захватить власть. Они хотели хозяйничать. Они хотели делать деньги и создавать неприятности. И Дерзкому Диабло это было не **по душе**. Он не хотел, чтобы кто-то вмешивался в его бизнес и имел дело с его людьми. А этот **проклятый** незнакомец Текс выгнал его человека Кудряшку из города.

Больше всего Диабло, конечно, не хотел, сдавать свои позиции. Он знал, что новый хозяин устроит всё по-своему и привлечёт ненужное внимание к Диабло. Никому в Оклахоме не было дела до города Черепов, поэтому все практически оставили это место в покое. Для стражей порядка это было слишком ничтожное место. Но если узнают, что здесь кто-то разбогател или нарушил закон, это привлечёт к себе внимание. Текс уже и так слишком много натворил.

— Мы должны остановить этого нового парня, — сказал Диабло своей жене.

Они жили в маленькой **хижине** на окраине города. Никто никогда не приходил к ним в гости. Иногда они ходили в город за продуктами. Они знали, что в город пришли перемены, и доходы Диабло падают. Но они также видели, что город быстро растёт и здесь можно заработать много денег. И они знали, что виной всему — незнакомец Эркек Текс.

Жена Диабло готовила обед.

— **Держись подальше** от Эркека Текса, — сказала она. — Он здесь пробыл всего четыре месяца. Ему скоро надоест это место, и он уедет.

— Я так не думаю, — сказал Дерзкий Диабло, **тщательно** вычищая ружьё.

У многих в этом городе было оружие. В основном пистолеты или револьверы — они небольшие по размеру, и их было легче носить. Но не Дерзкому Диабло. Длинное ружьё было мощным, и он **ловко** им владел. На самом деле он управлялся с ружьём лучше, чем другие с пистолетами.

Диабло использовал ружьё только в **исключительных** случаях. Он не хотел никого убивать. «Каждое убийство приносит неприятности. Придёт какой-нибудь родственник покойника и попытается тебя застрелить. Или шериф заявится. Лучше не **высовываться**». По крайней мере, он так думал до сих пор.

— Текс немного похож на меня, — сказал Диабло своей жене. — Он полюбил этот свободный городок. Здесь никого нет, и никто его не беспокоит. Но он, как и все другие, хочет заработать себе репутацию и сделать себе имя. Он хочет управлять этим городом.

Жена Диабло налила ему супа в тарелку. Суп был очень горячий.

Она поставила тарелку на стол и тихо промолвила:

— Ешь свой обед.

— Я не голоден, — ответил Диабло.

— Оставь ружьё в покое, — сказала она. — Оно уже чистое и тебе не пригодится. А теперь иди есть.

Дерзкий Диабло бросил тряпку и опустил ружьё. Он встал со стула и подошёл к столу.

— Послушай меня, женщина. Я знаю, о чём говорю. Этот **негодяй** метит на моё место. На него работают люди. В его руках новый бизнес, а мой бизнес **простаивает**. Скоро в город Черепов придут стражи закона и заметят, что в городе нет шерифа. И это будет конец нашей весёлой жизни здесь.

Его жена поставила тарелку горячего супа для себя и принесла хлеб.

— Может быть, ты сам станешь шерифом, Диабло.

Диабло засмеялся:

— Я? Я нахожусь в розыске, женщина! За моей головой **охотятся** шесть шерифов. Меня разыскивают за ужасные преступления, — он покачал головой. — Нет, для меня нет закона. И городу Черепов тоже никакого закона не нужно!

— Тогда тебе нужно сидеть тихо и не **рыпаться**. Не надо вступать в конфликт с незнакомцем, — сказала его жена, — и у нас всё будет в порядке.

Дерзкий Диабло разломил кусок хлеба и опустил его в суп.

— Этот незнакомец уже создал много проблем, — сказал он, — но сегодня я это исправлю.

После обеда Дерзкий Диабло взял своё ружьё и поехал в город. Большинство жителей города Черепов сидели по домам.

— Где Эркек Текс? — спросил Диабло у прохожего на улице. Тот был одет в дорогой пиджак и новые ботинки.

— А кто его ищет? — спросил он, глядя на Диабло.

Диабло знал большинство людей в городе. Он не узнал этого незнакомца.

«Чем больше новых людей, — подумал Диабло, — тем больше внимания от стражей порядка. Пора с этим **завязывать**!»

— Если ты меня не знаешь, — медленно произнёс Диабло, — тогда ты не местный.

— Может и да, а может и нет, — сказал мужчина в модном пиджаке. — Но я задал тебе вопрос: кто ты такой?

Дерзкий Диабло **опешил**. Никто в городе Черепов никогда не говорил с ним таким тоном.

— Я — Ноэль Круз, — медленно произнёс он, **с вызовом** глядя на мужчину. — Но меня прозвали Дерзкий Диабло.

— Какое глупое имя! — беспечно ответил мужчина. — Если ты не знаешь, где находится Текс, то тебе и не нужно это знать. Всего доброго!

Человек пнул камень в сторону лошади Диабло и ушёл.

Диабло хотел спрыгнуть с лошади и ударить этого мужчину. Вместо этого он глубоко вздохнул и огляделся. Салун «Долина Ветров» был через дорогу. Он услышал голоса изнутри. Раз уж он уже приехал в город, то решил проверить лично, как обстоят дела.

— Смотрите, кто пришёл! — крикнул какой-то мужчина, когда Диабло вошёл в бар. — Заходи и садись с нами, — позвал он Диабло.

Он сидел за столом с другими мужчинами.

Диабло сел.

— Зачем приехал? — спросил его один мужчина. Второй присоединился:

— Да уж. Где ты пропадал? Тут чёрт знает что происходит. В городе новый хозяин.

— Да уж. Это Эркек Текс, — добавил первый. — Он забрал весь твой бизнес и устраивает неприятности. Всем. Кроме тех, кто работает на него. Они делают деньги. Но мы остаёмся с тобой, хозяин. Пока что …

— Да, — сказал второй, а первый добавил: — Ты наш хозяин. Кому нужен этот Текс?

Диабло оглядел всех сидящих за столом.

Затем он тихо сказал:

— Хорошо. У меня к вам два вопроса. Номер один: где Эркек Текс? Номер два: кто поможет мне выгнать его из города?

Приложение к главе 2

Краткое содержание

Ноэль Круз, также известный под именем Дерзкий Диабло, — преступник, разыскиваемый в нескольких штатах. Он скрывается в городе Черепов, потому что в этом городе стражи порядка не появляются. Диабло не хочет, чтобы город рос и развивался. Он боится, что это привлечёт внимание стражей порядка. Ему не нравится Эркек Текс, потому что тот вмешивается в дела города и отбирает бизнес у Диабло. Жена Диабло хочет, чтобы он оставил Текса в покое, но Диабло отправляется в город на поиски Текса. В баре Диабло встречает своих людей. Он спрашивает их, где найти Текса и просит, чтобы они помогли ему выгнать Текса из города.

Словарь

объявлен в розыск wanted by the police

погоня chase

слежка surveillance

заработать на хлеб с маслом (perf.) to earn one's living, to bring home the bacon

чёртов damned

по душе to one's liking

проклятый cursed

хижина hut

держаться подальше (imperf.) to steer away from

тщательно thoroughly

ловко skillfully

исключительный exceptional

высовываться (imperf.) to stick one's neck out

негодяй villain

простаивать (imperf.) to stagnate

охотиться (imperf.) to hunt

рыпаться (imperf., usually used as negative — не рыпаться) to stay put, to lie low

завязывать с чем-то (imperf., colloq.) to pack it up, to finish

опешить (perf.) to be taken aback

вызов provocation, challenge

Вопросы к тексту

Выберите один ответ на каждый вопрос.

6. Какое из следующих утверждений о Дерзком Диабло верно?
    a. Он совершил много преступлений.
    b. Полиция даст деньги любому, кто выдаст Диабло.
    c. Он больше не хочет убегать от полиции.
    d. Всё вышеперечисленное.

7. Чего хочет от Диабло его жена?
    a. Она хочет, чтобы ее муж убил Эркека Текса.
    b. Она хочет, чтобы ее муж поехал в город.
    c. Она хочет, чтобы ее муж оставил Текса в покое.
    d. Она хочет, чтобы ее муж покинул город Черепов.

8. Почему Диабло боится Текса?
    a. Текс может привлечь внимание стражей порядка к себе и к городу.
    b. Текс отобрал весь бизнес у Диабло.
    c. Текс лучше, чем Диабло, ведёт за собой людей.
    d. Текс хочет навредить Диабло.

9. Почему Диабло шокирован после разговора с незнакомцем на улице?
    a. Незнакомец одет очень странно.
    b. Незнакомец — не местный, и он грубо разговаривает с Диабло.
    c. Незнакомец высмеивает ружье Диабло.
    d. Незнакомец разговаривает с женой Диабло.

10. Дерзкий Диабло ___.
    a. планирует сбежать в Мексику
    b. зарабатывает деньги в городе Черепов и хочет оставить всё, как есть
    c. боится служб правопорядка в городе
    d. хочет, чтобы город Черепов развивался

Глава 3 – Разборки

Дерзкому Диабло удалось уговорить трёх человек из бара присоединиться к нему. Небольшая группа понеслась по пыльным улицам города Черепов, крича:

— Текс! Иди сюда! Текс! Где ты? Диабло бросает тебе вызов. Пора одному из вас покинуть город Черепов. И это будет не он! Наступило время **разборок.**

Диабло ворвался в парикмахерскую. Там сидел Текс, слегка удивлённый.

— Этот город слишком мал для нас двоих, — крикнул Дерзкий Диабло. — Ты должен **исчезнуть**, — он сделал паузу и затем добавил: — или же я заставлю тебя исчезнуть.

Диабло взял ружьё и выстрелил в воздух. По комнате разошлось эхо, и на них посыпалась пыль из проделанной дыры в потолке.

Эркек Текс продолжал сидеть в кресле парикмахера. Ему подстригали волосы и усы. Парикмахер, **грузный** мужчина с красными щеками, остановился.

— Разве я сказал тебе прекратить стрижку? — спросил Текс парикмахера.

Парикмахер нервно огляделся и вернулся к работе, не спуская глаз с Диабло и его людей.

— Эй! — крикнул Дерзкий Диабло, — ты слышишь меня?

— Ты очень **настойчив**, Ноэль, — сказал Текс, называя Диабло его настоящим именем. — Это может тебе навредить.

— Я здесь не для того, чтобы спорить, — ответил Диабло. — Я пришёл, чтобы выгнать тебя отсюда.

Текс дал знак парикмахеру остановиться. Он что-то прошептал парикмахеру и тот ушёл. Затем Эркек Текс поднялся, причесал свои большие черные усы маленькой расчёской, которую он всегда держал при себе. Он любил хорошо выглядеть, особенно для своих врагов.

Диабло был в **замешательстве**. Почему Текс был таким спокойным? Диабло направил ружьё на Текса, который медленно пошёл к двери.

— Ты прав, — громко сказал Текс, выходя на улицу. — Я говорю, ты прав, Дерзкий Диабло, — громко повторил он. — Город Черепов слишком мал для меня. И, несомненно, слишком мал для нас обоих.

Диабло и его люди последовали за Тексом на улицу, где уже начала собираться небольшая толпа. Парикмахер рассказывал людям, что случилось.

Текс медленно обошёл толпу, повторяя:
— Да, этот город слишком мал. Слишком мал.
В толпе **одобрительно** зашумели.

— Нам нужно больше компаний, — продолжил Текс, — и больше людей. Он сделал паузу. — И больше денег! — закончил он.
Толпа начала дико **ликовать.**

Диабло огляделся.

«Что здесь происходит? — подумал он в панике. —Неужели я опоздал? Текс уже покорил всех жителей города своими деньгами и большими планами? Неужели всё уже изменилось настолько, что я потерял контроль над городом? Сейчас я ему покажу».

— Убирайся отсюда, Текс, — начал Диабло. — Это мой город, а не твой.

Толпа неодобрительно зашумела. Текс улыбнулся.

— Не похоже, что это твой город, Ноэль, — засмеялся он. — Нет, народ не **признаёт** тебя.

Диабло огляделся. Большинство горожан были на улице. Они сердито смотрели на него и его людей. Могли возникнуть неприятности, но, к счастью, Диабло знал, что он не один. Двое его людей притаились на крыше. Если Эркек Текс попробует напасть, его тут же застрелят.

— Убирайся отсюда, Текс! — крикнул Диабло. — Мы все хотим, чтобы ты покинул город Черепов. Мы хотим, чтобы всё было, как раньше.

— Неужели? — спросил Текс, глядя на толпу, — Если это так, хорошо. Оставайся здесь, Ноэль Круз. Оставайся, чтобы шериф не смог тебя найти. Оставайся здесь и ничего не делай, просто скрывайся от закона.

Диабло **закипал от злости**. Он не хотел, чтобы Текс напоминал горожанам, что он находится в розыске, и что за его голову можно получить вознаграждение.

— Я тебе уже один раз сказал, Текс, — сказал Диабло. — Я пришёл сюда не для того, чтобы спорить с тобой.

Он направил ружьё прямо на Текса.

— Не заставляй меня причинять тебе боль.

— Нет, нет, не буду. Это я тебе обещаю. Я никогда никому не дам повода причинить мне боль, — сказал Текс, оглядывая толпу и улыбаясь. — Это не мой стиль. Я просто стараюсь по-доброму относиться к людям. Я стараюсь создать новые возможности заработать и получить больше денег. Но я не хочу воевать. Я ненавижу скандалы.

Толпа снова одобрительно зашумела.

Диабло огляделся.

— Но ты выгнал Кудряшку из города в первый же день. Все об этом знают. А я здесь, чтобы выгнать тебя, — сказал он сердито.

— Так и есть, Ноэль. Так и есть, — признал Текс. — Но вспомни, — добавил он, оглядывая толпу, — это не я завязал драку с Кудряшкой. Я **защищался**. Защищаться — это право каждого, не так ли?

Люди в толпе закивали. Один из них крикнул:

— Текс прав!

Диабло знал, что Текс лжёт. Он знал, что Текс напал на Кудряшку, а затем выгнал его из города. Но он ничего не мог с этим поделать. Люди поверили Тексу.

— Хорошо, Текс. Я сосчитаю до десяти, — начал Диабло. — Когда я закончу, тебя здесь быть не должно.

— Хорошо, хорошо, Ноэль. Я уже согласился, — сказал Текс. — Ты оставайся, я пойду собирать чемоданы. Я очень надеюсь, что ты сможешь держать город под контролем. Не хотелось бы, чтобы на тебя открыли охоту, дабы получить вознаграждение за твою голову.

Текс взглянул на толпу. Все ясно слышали, что он сказал.

— Люди, я ухожу, — громко добавил он. — Не пытайтесь остановить меня.

— Нет, не уходи, — раздался голос из толпы, — ты хороший хозяин.

— Да, ты самый лучший хозяин, — сказал другой. — Черепову нужен такой хозяин, как ты!

— Знаю, знаю, — сказал Текс, оглядываясь по сторонам. — Я не хочу оставлять вас, но господин дорогой Диабло ...

— Дерзкий, а не дорогой! — сердито прервал Диабло.

— Ну извини, — сказал Текс с улыбкой. — Господин Диабло хочет, чтобы я исчез. Он хочет командовать здесь. Теперь его очередь. По крайней мере до тех пор, пока кто-нибудь не **поумнеет** и не вспомнит о вознаграждении за его голову.

— Я этого не говорил! — запротестовал Диабло, нервно оглядываясь. — Я не хочу командовать ... и перестань говорить об этом проклятом вознаграждении.

Дерзкий Диабло стал нервничать. Он не ожидал такой реакции от жителей города Черепов. Он думал, что они ненавидят Текса так же сильно, как и он, но они вели себя так, словно Текс был их лучшим другом.

— **Сразись** с ним! — крикнул кто-то из толпы.

Текс кивнул, глядя на Диабло.

— Я самый лучший **стрелок** в Оклахоме. Это все знают. Но не против троих. Ноэль Круз привёл с собой друзей.

Он указал на людей Диабло, притаившихся на крыше.

— Да уж. Он перехитрил меня. Теперь он ваш начальник. Он заслужил это.

Толпа начала **роптать**.

— Люди, я не собираюсь вами **помыкать**, — крикнул Диабло толпе. — Я просто не хочу, чтобы город Черепов стал слишком большим. Это приведёт сюда шерифа. Разве вы не понимаете? Вам придётся подчиняться закону!

Бармен Мартын вышел из толпы и встал рядом с Эркеком Тексом.

— У нас уже есть закон, Диабло. Закон Текса!

Толпа начала кричать и хлопать. Диабло нервно огляделся.

Затем Мартын продолжил, серьёзно глядя на Текса:

— Текс, что нам сделать, чтобы ты остался?

Эркек Текс покачал головой:

— Я думаю, можно сделать только одно, — начал он, оглядываясь вокруг. — Если здесь не будет Ноэля Круза, то не будет и проблем.

Люди снова начали роптать.

Текс продолжил:

— Да, если в этом городе не будет беглецов, то мы не будем бояться закона.

Ропот стал громче.

— На самом деле, — сказал Текс, оглядываясь по сторонам, — если мы **избавимся от** беглецов и выдадим их в руки закона за вознаграждение, город Черепов станет намного лучше и безопаснее для жизни.

— Да, ты прав! — крикнул Мартын.

— Это верно! — добавил другой.

— Прочь, беглецы! — крикнул третий.

К этому моменту Дерзкий Диабло был на грани **нервного срыва**. Он был сильно напуган. Диабло хотел убедиться, что у него есть защита, но оглядев крыши ближайших домов, он понял, что его люди исчезли

Дерзкий Диабло остался один.

— Люди! Я не создаю никаких проблем, — сказал Диабло толпе. — Это всё Текс! Это он хочет всё поменять! Это он **сеет смуту.**

— Эти перемены к лучшему, — ответил Мартын. — Он делает город безопаснее, больше и лучше. Не таким, каким его хочешь видеть ты и твои люди. Вы превратили этот город в дыру. С нас довольно!

Мартын оглядел **разгневанную** толпу, а затем произнёс:

— Хватайте его, ребята! Пятьсот долларов — это куча денег.

Несколько человек набросилось на Дерзкого Диабло. Ему пришлось **пуститься наутёк.** Так Ноэль Круз, Дерзкий Диабло из Техаса, убежал из города, как обычный трус. Текс просто стоял и смотрел, как Диабло бежит по главной улице.

Затем он оглянулся и тихо сказал себе:

— Нет. **Изгоям** здесь не место. Не место в *моём* городе.

Приложение к главе 3

Краткое содержание

Дерзкий Диабло и его люди находят Эркека Текса в парикмахерской. Диабло приказывает Тексу покинуть город. Текс выходит на улицу и начинает говорить с толпой горожан на улице. Текс говорит, что Диабло хочет быть новым начальником. Он также напоминает людям о большой награде, которая назначена за голову Диабло. Диабло говорит людям, что он не хочет быть начальником, он просто хочет, чтобы все оставалось по-прежнему. Люди его не слушают. Ситуация меняется в худшую сторону, но Диабло думает, что он в безопасности, потому что на соседней крыше прячутся двое его людей, они должны его защитить. Когда он решает проверить их присутствие, он видит, что его люди исчезли, и он остался один. Горожане говорят, что хотят, чтобы Текс остался и стал начальником в городе. Затем они выгоняют Диабло из города.

Словарь

разборки showdown
исчезнуть (perf.) to disappear
грузный stout
настойчивый persistent
замешательство confusion
одобрительно approvingly
ликовать (imperf.) to triumph
признавать (imperf.) to acknowledge
закипать от злости (imperf.) to boil with anger

защищаться (imperf.) to defend oneself
поумнеть (perf.) to become wiser
сразиться (perf.) to have a fight
стрелок shot
роптать (imperf.) to murmur
помыкать (imperf.) to boss around
избавиться от (perf.) to get rid of
нервный срыв nervous breakdown
сеять смуту (imperf.) to sow discord
разгневанный angry, irate
пуститься наутёк (perf.) to take to heels
изгой outcast

Вопросы к тексту

Выберите один ответ на каждый вопрос.

11. Как вы думаете, почему Текс называет Дерзкого Диабло его настоящим именем Ноэль?
    a. Чтобы показать, что он не уважает и не боится Дерзкого Диабло.
    b. Потому что он не помнит его имени.
    c. Потому что он давно знает Дерзкого Диабло.
    d. Он хочет показать, что они хорошие друзья.

12. Найдите эти глаголы в тексте. Какое слово лишнее?
    a. неодобрительно шуметь
    b. одобрительно шуметь
    c. роптать
    d. осматривать

13. Почему Текс вышел из парикмахерской на улицу?
    a. Подышать свежим воздухом.
    b. Найти свою девушку.
    c. Чтобы горожане услышали, что он говорит.
    d. Чтобы парикмахер закончил стричь его.

14. Какое объяснение даёт Текс на вопрос, почему он выгнал Кудряшку из города?
    a. Он говорит, что Кудряшка жульничал в картах.
    b. Он говорит, что он хотел защититься от Кудряшки.
    c. Он говорит, что защищал Мартына от Кудряшки.
    d. Он говорит, что Кудряшка обидел владельца магазина.

15. Кто выгнал Дерзкого Диабло из города?
    a. Эркек Текс
    b. Парикмахер
    c. Мартын
    d. Жители города Черепов

Споры о любви

Глава 1 – Достойная партия

— Алекс, я не могу пойти с тобой на **свидание**. Это не обсуждается! —заявила Аиша по телефону.

Она осталась в Москве на лето. Новый семестр начнётся в сентябре. Этим летом она отдыхала от учёбы и **работала на полставки** в торговом центре. Но она скучала по своему другу Алексу. Он уехал в Санкт-Петербург на летние курсы по русскому языку.

Аиша знала, что она нравится Алексу. Он уже давно был к ней **неравнодушен**. Но у него никогда не хватало **смелости** пригласить её на свидание. И вот, когда он наконец решился позвонить ей, она ему отказывает!

— Конечно, ты можешь пойти на свидание со мной, — воскликнул Алекс.

Он сидел в местном парке на скамейке и разговаривал по телефону. Пожилая дама, проходившая мимо, удивлённо взглянула на него, и он **смущённо** улыбнулся.

Аиша **накручивала** прядь своих длинных тёмных волос на палец. Она лежала на диване в гостиной, пытаясь придумать, что сказать.

— Мои родители просто **сойдут с ума**, если я пойду с тобой на свидание.

— Почему? — спросил Алекс.

От Москвы до Санкт-Петербурга всего несколько часов езды на машине. Алекс уже был знаком с родителями Аиши, и он знал, что они не **одобряли** их с Аишей дружбу. Они не одобряли его дикий внешний вид с татуировками, **наколками** и светлыми волосами, которые **стояли дыбом**. Семья Аиши была очень консервативной. Они не принимали такую «**дикость**».

Алекс знал причину, по которой родители Аиши были бы **вне себя**, если бы узнали, что она согласилась пойти на свидание с ним. Поэтому он спросил:
— А тебе обязательно нужно говорить об этом родителям?
— Конечно, я должна сказать родителям. У меня нет секретов от них, — ответила она.
— Да. Но тебе не нужно всё им рассказывать, — возразил Алекс.
— Послушай, ты хороший парень, Алекс … — начала Аиша, но не успела закончить.
— Конечно, я хороший парень! — прервал её Алекс. — Ты права, я действительно отличный парень. **Потрясающий** парень! Твои родители полюбят меня, когда получше меня узнают. Они будут обожать меня!
— Я уверена, что они в конце концов полюбят тебя, — признала Аиша смеясь. — Может, и не полюбят, но по крайней мере признают тебя достойной партией, — пошутила она.

— Достойная партия? — Алекс засмеялся. — Это точно про меня!

Затем он серьёзно продолжил:

— Так что не говори им ничего.

— Я не могу врать маме и папе, Алекс, — сказала Аиша, садясь на диване.— Я никогда так не поступаю.

— Я не прошу тебя врать! Я только прошу тебя просто ничего не говорить им, — ответил Алекс.

Мимо него по парку пробежал мужчина с собакой.

— Не говори им ничего обо мне. Это не ложь.

— Еще и какая, — ответила Аиша. — Это ложь по **умолчанию.**

— Какие сложные слова, — пошутил Алекс. — Умолчание. Всё совсем не так. Если ты им ничего не скажешь обо мне ...

— Тогда я умолчу о фактах, — сказал Аиша серьезным голосом.

Внезапно настроение у Аиши изменилось, и она перестала быть такой серьёзной.

— В любом случае, умолчание — никакое не сложное слово.

Алекс засмеялся:

— У меня по русскому двойка. Так что для меня это сложное слово, — пошутил он.

Алекс был из Англии, так что русский был его вторым языком. Он давался ему с трудом. Поэтому он записался на дополнительные летние курсы русского языка в Санкт Петербурге.

— Если это слово для тебя слишком сложное, то мне не о чем с тобой говорить, — сказала Аиша в шутку. — Я просто не могу встречаться с парнем, у которого такой скромный словарный запас.

— Так вот оно что! А если бы у меня был большой словарный запас, ты бы со мной пошла на свидание? — сказал Алекс с улыбкой.

Теперь настала очередь Аиши смеяться:

— Пожалуй, ты меня **подловил**! Да, я имею в виду ... Ты мне нравишься. Вот я и призналась, доволен?

— Ты сказала, что я тебе нравлюсь! — повторил Алекс. Он встал со скамейки и начал ходить кругами, продолжая разговаривать. — Отлично. Но это ничего не меняет.

— Что ты имеешь в виду? — Аиша не ожидала такого ответа.

— Сама подумай! — сказал он. — Теперь, когда я знаю, что я тебе нравлюсь, всё выглядит ещё более **нелепо**. Если я тебе нравлюсь, почему мы не можем встречаться? Вот **досада**!

— Дай мне закончить, — сказала Аиша.

Она встала с дивана и начала ходить по гостиной.

— Я не шучу, Алекс. Я обещаю, что буду с тобой встречаться, когда ты вернёшься в Москву. Но я и вправду должна рассказать об этом родителям.

Для Алекса это была отличная новость. Его курсы закончатся через месяц, и очень скоро он увидит Аишу. Тем не менее, он всё ещё не понимал, почему она должна была рассказать об этом родителям. Чтобы **не ломать голову**, он решил спросить.

— Я всё-таки **ума не приложу**, почему ты должна рассказывать всё своим родителям. Тебе нужно получить их согласие, или как?

— Нет, не нужно, — объяснила она. — Наверное, это просто часть нашей культуры. Ты же знаешь, что моя семья из Чечни. У нас в Чечне свои традиции.

— Я знаю об этом. В моей семье тоже свои традиции, — ответил Алекс.

— Да, ты мне говорил раньше. Но там, откуда я родом, дети уважают своих родителей. Наши родители полностью **вовлечены** в нашу повседневную жизнь.

— Ну, так нельзя говорить. Я тоже уважаю своих родителей! — заметил Алекс.

— Правда? И они участвуют во всех твоих делах? — спросила Аиша.

— Ну … — протянул Алекс и задумался.

Он их не очень часто видел и разговаривал с ними не часто. И он не всегда спрашивал у них совета, но не хотел говорить об этом Аише.

Наконец он просто ответил:

— Ну, я стараюсь звонить им каждую неделю.

— Это не одно и то же, но … — начала Аиша. Она остановилась. — Послушай, это не важно. Не волнуйся об этом, — сказала она наконец. — Ты лучше скажи мне, когда твои летние курсы закончатся?

— Через месяц. Они не такие уж длинные. Я только прохожу тот материал, по которому я получил плохие оценки.

— Да, я поняла. Ты ведь **завалил** два предмета, да? — сказала Аиша.

В трубке **повисла тишина**.

— Алекс, не волнуйся! Я знаю, что ты очень умный. Просто иногда человеку, который далеко от дома, бывает трудно. Я уверена, что у тебя всё получится.

— Спасибо, — ответил Алекс, — Я действительно много учусь. На самом деле мои учителя знают, что я хороший студент. Просто грамматика трудно мне даётся, а все занятия на русском, так что у меня иногда бывают проблемы.

Аиша понимающе кивнула. У неё тоже были проблемы с некоторыми предметами. Но она наняла профессионального **репетитора**, который здорово ей помог.

— Когда ты вернёшься, я помогу тебе с русским языком, — сказала она.

— Хотя я занималась с репетитором по другим предметам, я узнала много нового о том, как лучше запоминать материал … Я настаиваю.

— Правда? Это мне очень поможет, — сказал Алекс, — но сначала мне нужно кое-что сделать.

— И что же это? — удивилась Аиша.

— Прежде чем ты станешь моим репетитором, — серьёзно заявил Алекс, — я должен спросить своих родителей.

Тут он покатился от смеха.

— Очень смешно, — сказала Аиша, покачав головой. — В таком случае я буду очень строгим репетитором.

Приложение к главе 1

Краткое содержание

Аиша — студентка московского университета. Она живёт в Москве, но её семья из Чечни. Сейчас у неё летние каникулы, и она устроилась на временную работу в торговый центр. Она разговаривает по телефону со своим другом Алексом, студентом из Англии. Он тоже учится в московском университете. Алекс сейчас в Санкт-Петербурге на летних курсах русского языка. Алекс приглашает Аишу на свидание. Аиша говорит, что сначала ей нужно поговорить с родителями. Алекс настаивает, что ей не стоит говорить с ними. Аиша не согласна, но говорит, что ей нравится Алекс. Затем она предлагает помочь ему в изучении русского языка, когда он вернётся в Москву.

Словарь

достойная партия a good match

свидание date

работать на полставки (imperf.) to work part-time

быть неравнодушным к кому-то (idiom.) to have a soft spot for someone

смелость bravery

смущённо timidly

накручивать (imperf.) to twist

сойти с ума (perf.) to go crazy

одобрять (imperf.) to approve

наколки tattoos

стоять дыбом (imperf.) to stand on end

дикость wildness

вне себя (colloq.) infuriated

потрясающий amazing
умолчание omission, silence
подловить (perf.) to catch out
нелепо (adv.) ridiculous
досада annoyance
ломать голову (imperf.) to rack one's brain
ума не приложить (colloq.) to have no clue
вовлечь (perf.) to involve
завалить (perf.) to fail
повисла тишина silence fell
репетитор tutor

Вопросы к тексту

Выберите один ответ на каждый вопрос.

1. Какое из этих утверждений неверно?
    a. Алексу нравится Аиша.
    b. Алекс навряд ли понравится родителям Аиши.
    c. Аише нравится Алекс.
    d. Аиша навряд ли понравится родителям Алекса.

2. Почему Аиша настаивает на том, чтобы рассказать родителям об Алексе?
    a. Ей нужно получить их согласие.
    b. Ей не разрешают ходить на свидание.
    c. Она хочет попросить денег у родителей.
    d. Ей нравится держать их в курсе всех её дел.

3. Алекс думает, что он не нравится родителям Аиши, потому что ___
   a. У них другая религия.
   b. У них другая культура.
   c. У них консервативные взгляды, и его внешний вид слишком «дикий».
   d. У него консервативные взгляды, а их внешний вид слишком «дикий».

4. Аиша согласна пойти на свидание с Алексом, когда ___.
   a. ей исполнится 21 год
   b. он её пригласит
   c. он вернётся из Санкт-Петербурга
   d. он изменит свою причёску

5. Почему Алексу трудно даётся учёба?
   a. Он ленивый студент.
   b. Ему не нравится русский язык.
   c. Ему не нравятся учителя.
   d. Русский — не его родной язык.

Глава 2 – Мы просто друзья

Светлана очень любила говорить по телефону. Она обожала **болтать** со своими подругами ... особенно о парнях! На улице шёл дождь, ей было скучно, и она решила позвонить своей **закадычной** подруге, Аише. До неё дошли некоторые интересные **слухи** и ей нужно было узнать всё **из первых уст** — от Аиши.

Быстро поздоровавшись, Светлана сразу перешла к делу.

— Ты знаешь, Аиша, мой Ким сейчас в Питере.

— Правда? Я прекрасно помню Кима. Он очень милый и симпатичный. Что он делает в Питере?

— Он там на летних курсах. Ты никогда не **догадаешься**, где он сейчас.

— Ты права, — сказала Аиша, — никогда не догадаюсь.

Аиша не любила эти игры. Кроме того, у неё не было времени. Ей нужно было спешить на работу и поскорее выбрать, что надеть. Она не могла сосредоточиться на этом разговоре.

— Питер большой город, — продолжила она, — я понятия не имею, где может быть твой Ким.

— Ким на тех же курсах, что и Алекс, — воскликнула Светлана.

— Надо же. Как интересно, — Аиша постаралась выразить удивление. Она не совсем понимала, зачем Светлана ей всё это рассказывает. — В таком случае Алекс и Ким могут проводить время вместе. Они хорошо знают друг друга?

— Да, они знакомы, — начала Светлана странным голосом. — И их знакомство переходит в дружбу. На самом деле, они много общаются, — она сделала паузу. — Алекс сказал Киму, что ты ему нравишься. Вы собираетесь встречаться?

«Так вот почему она звонит», — подумала Аиша.

— Ну, я ещё не знаю, — начала она, — я ему сказала, что мы можем попробовать повстречаться. Я имею в виду, когда он вернётся в Москву. Дело в том, что ... мы на самом деле просто хорошие друзья. Я имею в виду, нам нравится проводить время вместе, и ...

— Не будь такой **скрытной**, — прервала её Светлана. — Я же твоя подруга. Ты можешь мне обо всём рассказать.

Она помолчала немного.

— Ты знаешь, я встречалась с Алексом, — продолжала она, — два года тому назад, на первом курсе университета.

— Я помню, — сказала Аиша.

Она помнила, но не очень хорошо. Светлана встречалась со многими парнями.

— Так ты хотела держать эту новость в секрете? — спросила Светлана с удивлением.

Аише нужно было спешить. Она посмотрела на часы. У неё осталось всего 20 минут, чтобы одеться и доехать до торгового центра. Времени на разговор почти не оставалось.

— Это никакой не секрет, Светлана, — объяснила она. — Мне особенно нечего рассказывать. К тому же мне надо спешить на работу ...

— Постой, Аиша, ну расскажи мне самое главное, — не успокаивалась Светлана.

— Ну ладно, — вздохнула Аиша. — Ты очень **настойчива**. Да, Алекс предложил мне встречаться. Но он ничего мне не говорил, пока был здесь. Я узнала о его чувствах, только когда он уехал в Питер. Только сейчас.

— Как это типично для парней. Они всё делают в самый **неподходящий** момент, — прервала Светлана.

Аиша закатила глаза.

— Я помню, — продолжила Светлана, — что Алекс всегда всюду опаздывал, когда мы встречались. Однажды ...

Аиша хотела сменить тему разговора, но она не могла вставить ни слова. В этот момент она не хотела думать о Светлане и Алексе и об их связи. Она начала собираться на работу, пока Светлана продолжала свой рассказ.

— Правда, это **забавно?** — смеясь, сказала Светлана.

— Да ... очень. Ох уж этот Алекс! — ответила Аиша, хотя она ничего не услышала из того, что рассказала ей Светлана.

— Ну а что у тебя с Кимом? — спросила она, воспользовавшись моментом сменить тему. — Ким очень приятный. Вы уже давно встречаетесь. Вы же ещё вместе?

— Вообще-то нет, — ответила Светлана.

Повисла неловкая пауза.

— Мы расстались как раз перед тем, как он уехал в Питер. Я теперь ищу ему замену.

— Правда? Я ничего не знала, — сказала с удивлением Аиша. — Ты мне ничего не говорила. Мне очень жаль. Так ты больше не встречаешься с ним?

— Ну, я не хотела ничего говорить, но ... — начала Светлана, — мы расстались, но остаёмся друзьями. Мы иногда разговариваем. Но ... как бы это сказать. Ким не был для меня подходящим парнем.

Аиша знала, что её подруга была очень **разборчива** по отношению к парням. Поэтому они у неё часто менялись. Обычно она несколько раз встречалась с кем-то и потом оказывалось, что он ей не подходит. Светлане нравилось испытывать волнение и переживать эмоции, связанные с началом новых отношений. Потом ей становилось скучно. Такой у неё был характер.

Несмотря на это, Светлана и Ким встречались несколько месяцев, и все, включая Аишу, думали, что они прекрасная пара. На самом деле, Аиша даже думала, что, возможно, у Светланы с Кимом всё серьёзно, поэтому она была очень удивлена, что она так отозвалась о Киме.

— Неподходящий парень? — спросила она. — Почему? Что он такого натворил?

Она опять посмотрела на часы. У неё почти не осталось времени, но ей очень хотелось узнать, что случилось, поэтому она включила громкую связь на телефоне и продолжила одеваться и слушать.

Светлана сказала:

— Во-первых, Ким любит флиртовать с другими девушками.

— Да ну, неужели правда? — переспросила Аиша. — Он что, тебе **изменял**?

— Не думаю, — ответила Светлана. — Нет, я не могу быть абсолютно уверена, но я не люблю, когда мой парень даже *посматривает* на других девушек. Поэтому я не могла стерпеть то, как он ведёт себя с другими девушками. Я просто не встречаюсь с парнями, которые заглядываются на других. Это не для меня. Пора прекращать эти отношения. С меня довольно!

Аиша пожала плечами.

— Да, заглядываться на других — это просто неуважительно, но ведь больше ничего не было. Я имею в виду, он не встречался и не общался с этими девушками, правда?

— Думаю, что нет, — ответила Светлана, — но я наверняка знаю, что Ким не просто заглядывался на других. Он общался со многими из них и флиртовал.

— Где? — спросила Аиша с удивлением.

— Что «где»? — спросила Светлана.

— Где он общался с другими девушками?

— В кафе, — ответила тихо Светлана.

— Там, где он работал весь прошлый семестр? — удивлённо спросила Аиша.

— Да, — холодно ответила Светлана, — и где он будет продолжать работать, когда вернётся в Москву. В кафе «Студенческое», где он весь день подаёт кофе красивым девушкам.

Аиша засмеялась, но вовремя остановилась.

— Что здесь смешного? — спросила Светлана. Она начинала **злиться**.

— Ну, Светлана, это несправедливо. Если Ким работает в кафе, общаться с клиентами — это его работа.

— Пожалуй, ты права, — медленно ответила Светлана.

— Конечно, права. Рассуди сама, Света. Это несправедливо. Если он разговаривает с людьми на работе, это ничего не значит ...

— Он не просто разговаривает с ними — он флиртует. В этом вся разница. Не будь такой наивной, Аиша.

— Я не наивная, — сказала Аиша, которая тоже стала немного злиться. — Это ты слишком **придирчивая**. Может, он общается с ними, только чтобы получить хорошие чаевые. Ты же знаешь, что чем лучше он общается с клиентами, тем больше он получит на чай. У тебя нет причины **ревновать**. Он, наверное, так приветлив с этими девушками, потому что это его обязанность на работе.

— Ему не обязательно быть настолько **приветливым**, — сказала Светлана **ехидно**. — Вот тебе бы не понравилось, если бы Алекс вёл себя таким образом. Ты бы тоже ревновала его, правда?

— Конечно нет, — уверенно ответила Аиша. — Я бы ему доверяла. Доверие — самое главное в любых отношениях. Кроме того, в данный момент это не имеет никакого значения. Я ещё не встречаюсь с Алексом. Мы только поговорили на эту тему. Пока мы просто хорошие друзья.

— Да. Это правда, — ответила Светлана странным голосом. — Ты и Алекс всё еще формально не пара. Поэтому, если ты на стороне Кима, может быть, тебе стоит начать встречаться с ним. А я буду встречаться с Алексом. В конце концов, ты и Алекс «просто хорошие друзья». Не так ли?

— Ты что, с ума сошла? — спросила Аиша.

У неё совсем не было времени и ей уже было не до болтовни со Светланой.

— Послушай, Света, мне пора на работу. Я знаю, что ты пошутила, но это не смешно.

Светлана засмеялась:

— Ты сказала, что ты не ревнива, Аиша. В чём же проблема? Теперь ты **терзаешься муками ревности**? — спросила Светлана.

Аиша вздохнула. Она поискала что-нибудь **съедобное** на кухне. Ничего не нашла. Придётся поесть на работе.

— Давай закончим наш разговор в другой раз? У меня нет времени спорить.

Она повесила трубку не попрощавшись, и вышла за дверь.

Приложение к главе 2

Краткое содержание

Светлана звонит своей подруге, Аише. Она говорит, что она слышала о том, что Алекс и Аиша встречаются. Аиша объясняет ситуацию. Подруги обсуждают своих парней и взаимоотношения. Светлана говорит, что она рассталась со своим парнем Кимом. Она объясняет, что Ким флиртовал с другими девушками на работе. Аиша говорит, что Ким не виноват, потому что это часть его работы. Аиша также добавляет, что Светлана слишком придирчивая. Светлана предлагает Аише встречаться с Кимом. Она также готова снова встречаться с Алексом, её бывшим парнем, потому что Аиша утверждает, что она и Алекс — просто хорошие друзья. Аиша рассержена на подругу и ей нужно спешить на работу, поэтому она вешает трубку.

Словарь

болтать (imperf.) to chat
закадычный bosom, close (friend)
слухи rumours
из первых уст first hand
догадаться (perf.) to guess
скрытный secretive
настойчивый persistent
неподходящий unsuitable
забавно amusing
повисла неловкая пауза there was an awkward pause
разборчивый picky, overparticular
изменять (imperf.) to cheat on somebody
злиться (imperf.) to be angry

придирчивый picky, fussy
ревновать (imperf.) to be jealous
приветливый friendly, affable
ехидно acidly
терзаться (imperf.) to be in anguish
муки ревности pangs of jealousy
съедобный edible

Вопросы к тексту

Выберите один ответ на каждый вопрос.

6. Светлана звонит Аише для того, чтобы ____.
   a. узнать о её работе
   b. узнать об отношениях между Аишей и Алексом
   c. узнать о планах Аиши на лето
   d. рассказать Аише о Киме

7. Кто рассказал Светлане о том, что Алекс пригласил Аишу на свидание?
   a. Ким
   b. Аиша
   c. Алекс
   d. Никто из них

8. Найдите следующие выражения в рассказе. Какое их них не имеет отношения к свиданиям?
   a. флиртовать
   b. изменять
   c. заглядываться на кого-то
   d. закатывать глаза

9. Аиша думает, что Светлана ревнует Кима, потому что ___.
   a. Светлана думает, что все мужчины изменяют
   b. Светлана слишком придирчивая
   c. Светлана думает, что Алекс флиртует
   d. Аиша хочет встречаться с Кимом

10. Что предлагает Светлана в конце разговора?
    a. Светлана думает, что Аиша и Алекс должны расстаться.
    b. Светлана думает, что она может опять начать встречаться с Кимом.
    c. Светлана думает, что Аиша не должна ни с кем встречаться.
    d. Светлана думает, что Аиша может встречаться с Кимом.

Глава 3 – Два сапога пара!

Алекс был в прекрасном настроении. Его летние курсы подходили к концу. Он хорошо учился и был уверен, что получит хорошие оценки по всем предметам.

«Эти оценки повысят мой **общий средний балл**, — подумал он. — Когда я вернусь в московский университет, я наверняка буду на уровне носителя языка, нас с Аишей определят в одну учебную группу, и мы будем ходить на занятия вместе. Я много учился и **заслужил** эту награду».

Он был рад уехать из Питера. Через две недели он вернётся в Москву и увидит Аишу. Они смогут видеться каждый день, если окажутся в одной группе. Кроме того, она обещала пойти с ним на свидание, когда он вернётся. Он очень этого ждал!

Размышления Алекса прервал телефонный звонок. Это был его друг Ким. Они знали друг друга давно, но никогда не были близкими друзьями. Теперь они учились на одних и тех же летних курсах и стали ближе общаться. Иногда они обедали вместе. По вечерам они смотрели фильмы или выходили в город после занятий.

Ким всегда общался с другими девушками, но Алекс думал только об Аише. Ему **не терпелось** рассказать Киму, что Аиша наконец согласилась пойти с ним на свидание.

— Привет, Ким, — сказал Алекс в телефон.

— Алекс! Слушай, нам надо поговорить, — отозвался Ким.

— Какое **совпадение**! Я тоже хотел поговорить с тобой, — произнёс Алекс.

Ему не терпелось поделиться хорошими новостями.

— Правда? — с удивлением спросил Ким. — Хорошо, ты первый. Что произошло?

Алекс немного подумал. Он очень хотел рассказать Киму о его отношениях с Аишей, но Ким только что расстался со своей подругой Светланой. Он плохо перенёс их **разрыв** и, наверное, не очень обрадуется хорошим новостям Алекса.

— Ну, — начал Алекс, — я просто хотел узнать, как ты себя чувствуешь, особенно после разрыва со Светланой?

Ким вздохнул:

— Я не хотел ничего говорить, но дела идут не очень хорошо. Я надеялся, что мы со Светой **помиримся**.

— Да, поэтому я и спросил, — сказал Алекс. — Я видел, что ты чем-то расстроен и волновался о тебе.

— Спасибо, друг. Я в порядке, — ответил Ким.

— Ты уверен? — спросил Алекс, — если ты хочешь поговорить об этом ...

— Ну, ты знаешь, как это обычно происходит, — сказал Ким и усмехнулся. Но Алекс видел, что ему было не до смеха. — Мы остались друзьями со Светланой, но она меня сильно **обидела**. Она была просто несправедлива ко мне. Она всегда думала, что я флиртовал со всеми девушками подряд. Она даже обвинила меня в том, что я пытался найти новую девушку у себя на работе! Представляешь?

— Правда? — отозвался Алекс. Он на мгновение замолк. — А ты?

— Что «а ты»? — переспросил Ким.

— Ты пытался найти новую девушку у себя на работе? — повторил Алекс.

— Нет, конечно! — сказал Ким. — Я никогда бы так не поступил! Я просто хотел **угодить** клиентам, это моя работа! Проблема в том, что Светлана думает, что я поступил плохо. Я не могу ничего с этим поделать. Она думает, что я флиртовал с клиентами.

— Но ты ведь этого не делал, правда? — спросил Алекс.

— Ну, иногда я немного флиртовал, — начал Ким, — но это нельзя назвать флиртом, я просто был любезным. Понимаешь о чём я говорю? Я ни в чём не провинился.

Алекс подумал немного и сказал:

— Что ты имеешь в виду «не провинился»?

— Я просто вёл себя так, чтобы получить побольше чаевых, — объяснил Ким. — Это **негласное правило** на такой работе. Зарплата небольшая, но можно заработать на чаевых. Ты понимаешь, о чём я?

Алекс кивнул:

— Да, понимаю.

— Ну, иногда во время перерыва я мог выпить кофе ... — продолжил Ким, — но только с одной или двумя девушками. Но я это делал только, чтобы продать как можно больше кофе. Клянусь!

Алекс **вскинул брови** в удивлении:

— Ты пил кофе с клиентами?

— Да, но это была просто работа, — объяснил Ким.

Затем он **виновато** добавил:

— Ну, может быть я обменялся с ними телефонами пару раз. Но я никогда им не звонил. Если они не отвечали на мои сообщения, я больше их не беспокоил.

Алекс вздохнул. Он начинал понимать, что произошло.

— Почему Светлана не может понять? — продолжал Ким.

— Понять что? — спросил Алекс.

— Это была просто работа, — ответил Ким. — Может, ты с ней поговоришь? **Замолвишь за меня словечко**? Только не рассказывай ничего о том, как я пил кофе с девушками и оставлял им сообщения.

Алекс подумал немного и сказал:

— Я не думаю, что из этого что-нибудь выйдет, Ким.

— Почему нет?

— Ну, придётся тебе сказать. Это не так уж важно, но ты должен об этом знать. — Он немного помолчал и продолжил:

— Мы со Светланой встречались какое-то время. Это было давно и недолго.

— Да, я знаю, она мне говорила, — сказал Ким, — ну и что?

— Ну, Светлана — классная девушка, —сказал Алекс, — она действительно замечательная. Честно говоря, она мне очень нравилась тогда. Но и тогда у нас были такие же проблемы. Она меня **ревновала**.

— Что? Она думала, что ты флиртовал с другими девушками?

Ким не мог в это поверить. Значит, он был не единственным, кого Светлана ревновала?

— Это так, — ответил Алекс. — Похоже, у тебя с ней те же проблемы, что и у меня. Она — ревнивая. Но и ты тоже, похоже, **подлил масла в огонь**.

— Неужели? — сказал Ким. — Приятно осознавать, что дело не во мне!

Ким немедленно решил, что это у Светланы проблемы со всеми парнями. Он **пропустил мимо ушей** комментарий Алекса о том, что он и сам виноват.

— Может, мне пора **выбросить из головы** Светлану и начать встречаться с кем-то другим, — продолжил Ким. — Ну, например, с какой-то приятной девушкой, которая будет меня ценить.

На другом конце трубки Ким замолчал, как будто о чём-то глубоко задумался.

— Ну да, почему бы и нет? — небрежно ответил Алекс.

Похоже, Ким был очень рад услышать, что он был не один такой. Алекс был рад помочь. Наверное, для Кима пришла пора двигаться дальше. В этот момент Алекс решил рассказать Киму об Аише. Может быть, это **вселит в него надежду**, что и он **встретит свою половинку**.

— Послушай, Ким, — начал Алекс, — у меня есть новости.

— Правда? Какие? — ответил Ким.

— Это касается Аиши. Ты помнишь, как я всегда хотел с ней встречаться?

— Да. Ты всегда хотел, но никогда не осмеливался. Слишком **стеснялся** пригласить её на свидание. И что?

— Я наконец-то набрался смелости! — ответил Алекс.

— Ты это сделал? И она согласилась? — с удивлением сказал Ким.

Алекс помолчал. Почему Ким так удивился, что Аиша согласилась с ним встречаться?

— Да, согласилась. Только она хочет поговорить с родителями сначала, — продолжил он. — Так она сказала. Но ...

— В самом деле? — прервал его Ким. Его голос странно изменился. — А почему она хочет поговорить со своими родителями?

— Я не знаю. Она сказала, что хочет, чтобы они были в курсе всех её дел, — ответил Алекс.

— А ты не думаешь, что причина в твоём внешнем виде? — спросил Ким.

— Нет, — ответил Алекс. — Ну, может быть, немного. Подожди. Что ты имеешь в виду?

— Ну, её родители очень консервативные. Ты никак не **вписываешься** в их семью, не правда ли? — объяснил Ким. — Возможно, ничего не получится с её родителями. Я бы на твоём месте забыл об этой **затее**.

— Вообще-то я об этом не задумывался, но ... — ответил Алекс. Затем он помолчал и спросил: — Подожди. Зачем ты это всё говоришь, Ким?

— Я говорю, потому что ты мой друг, — сказал Ким. Затем добавил: — И потому что Аиша ...

— Аиша что? — спросил Алекс.

— Ну, ты знаешь она приходила в кафе иногда после занятий, — объяснил Ким. — Понимаешь?

Алекс об этом не знал, но ему было всё равно. Многие бывали в этом кафе.

— Ну и что? Зачем мне нужно об этом знать?

— Потому что ... Я должен кое-что тебе сказать, Алекс, — начал Ким. — Иногда мы с Аишей подолгу разговаривали в кафе. Я должен признаться. Иногда я немного флиртую на работе, только чтобы угодить клиентам. Аиша и я очень хорошо поладили, она очень симпатичная, и я планировал пригласить её на свидание.

— Что? — переспросил Алекс. Он не мог в это поверить. — Ты это серьёзно?

— Послушай, я, наверное, не приглашу её, она же согласилась встречаться с тобой. Но мне нужно знать **наверняка**. У меня нет девушки. Светлана со мной рассталась, потому что она ревнивая, поэтому ... я и подумал об Аише.

— Ты шутишь! Светлана с тобой рассталась, потому что ты флиртуешь с другими девушками! Ты постоянно этим занимаешься. Я видел это и здесь, и в кафе. Постоянно! — разозлился Алекс. — Я думаю, что ты флиртуешь, потому что Светлана так на это реагирует. Я даже думаю, что тебе нравится **возбуждать** в ней ревность! И я думаю, ей тоже нравится испытывать чувство ревности и **устраивать сцены**, чтобы держать тебя **на коротком поводке**. У вас у обоих **не все дома**!

Ким замолчал на другом конце телефона. Алекс **задел** его **за живое**, и он знал об этом, но он был всем этим **сыт по горло**.

— Послушай, Ким, — продолжил он. — Я пригласил Аишу на свидание первый. Поэтому **отвали**! А что касается тебя и Светланы … думаю, вам нужно помириться. Вы достойны друг друга **— два сапога пара**!

Приложение к главе 3

Краткое содержание

Алекс и Ким говорят по телефону. Они подружились во время летних курсов в Санкт-Петербурге. Алекс думает, что Ким переживает по поводу разрыва со своей девушкой Светланой. Ким объясняет, что Светлана думает, что он флиртует с другими девушками. Он говорит, что он не флиртует, просто выполняет свои обязанности по работе. Позже Алекс говорит, что он пригласил Аишу на свидание. Ким удивляется и говорит, что у него ничего не получится. Ким признаётся, что он флиртует с другими девушками. Он также признаёт, что он флиртовал с Аишей и тоже хочет с ней встречаться. Алекс рассердился и сказал, чтобы Ким возвращался к Светлане. Он думает, что они друг друга стоят, и они оба ненормальные.

Словарь

общий средний балл grade point average (GPA)

заслужить (perf.) to deserve

размышления thoughts

не терпеться (imperf.) to be impatient

совпадение coincidence

разрыв break-up

помириться (perf.) to make up

обидеть (perf.) to offend somebody

угодить (perf.) to please somebody

негласное правило unwritten rule

вскинуть брови (perf.) to raise eybrows

виновато guiltily

замолвить словечко (perf.) put in a good word (for someone)

классный (colloq.) cool

ревновать (imperf.) to be jealous

подлить масла в огонь (perf., idiom.) to add more fuel to the fire

пропустить мимо ушей (perf., colloq.) to ignore, to turn a deaf ear to something

выбросить из головы (colloq.) to take one's mind off something

вселить надежду (perf.) to give hope

встретить свою половинку (perf.) to meet your other half

стесняться (imperf.) to be shy

вписываться (imperf.) to fit in

затея undertaking

наверняка for sure

возбуждать (imperf.) to incite, to excite

устраивать сцены (imperf., colloq.) to make a scene, to kick up a quarrel

держать кого-то на коротком поводке (imperf.) to keep somebody on a tight leash

не все дома (colloquial) off one's rocker, crazy

задеть за живое (perf.) to hit the nerve

сыт по горло (чем-то) to be fed up with something

отвалить (perf., colloq.) to get lost

два сапога пара (idiom.) two of a kind, deserving each other

Вопросы к тексту

Выберите один ответ на каждый вопрос.

11. Почему Алекс хотел получить хорошие оценки?
    a. Он хочет закончить университет раньше срока.
    b. Его родители недовольны его оценками.
    c. Его выгонят из университета, если его оценки не улучшатся.
    d. Он хочет учиться в одной группе с Аишей.

12. Почему Алекс не сразу рассказал Киму о том, что он встречается с Аишей?
    a. Он боится, что Ким начнёт флиртовать с Аишей.
    b. Ким переживает по поводу своей учёбы.
    c. Ким переживает из-за разрыва отношений со Светланой.
    d. У Кима оценки лучше, поэтому он завидует Алексу.

13. Сначала Ким говорит, что он хорошо относится к клиентам, потому что ____.
    a. он хочет встречаться с ними
    b. он хочет получить чаевые
    c. его начальник настоял на этом
    d. он очень добрый человек

14. Почему Алекс не предлагает замолвить словечко за Кима?
    a. Потому что ему нравится Светлана, и он хочет встречаться с ней.
    b. Потому что он думает, что Ким должен встречаться с другими людьми.
    c. Потому что он не хочет, чтобы Аиша его ревновала.
    d. Потому что он встречался со Светланой, и у него были те же проблемы.

15. По мнению Алекса, какое из утверждений верное?
    a. Киму всё равно, что думает Светлана о том, что он флиртует.
    b. Светлане втайне нравится, что Ким флиртует с другими.
    c. Светлана поступила правильно, порвав отношения с Кимом.
    d. Всё вышеперечисленное.

Чудовищная задача

Глава 1 – Ежемесячная встреча чудовищ

— Ваша работа вам **наскучила?** — спросило волосатое зеленое **существо** по телевизору.

— Нет, — сказал **оборотень** Вагнер телевизору. Он допил свою газировку и раздавил банку в руке.

— Вам становится всё труднее целый день **пугать** людей? — продолжал голос в рекламе.

— Хотите попробовать что-то новенькое? Как насчёт работы, на которой требуется умение общаться с людьми?

— Нет уж, спасибо, — громко сказал Вагнер, переключая канал. — Какой смысл быть чудовищем, — сказал он, — если не пугать людей? И иногда не поедать их?

Вагнер громко **срыгнул** и продолжил переключать каналы. Он никогда не любил рекламу. Он скорее будет смотреть хоккей, чем рекламу. Он стал ещё быстрее переключать каналы в поисках игры, останавливаясь на каждом канале не более одной или двух секунд. Большинство оборотней не отличалось **терпением.**

— Фу! — с **отвращением** воскликнул Вагнер. — Ничего хорошего нет, — сказал он, в **отчаянии** бросая свою раздавленную банку с газировкой.

— Согласен, — сказал бестелесный голос.

— Кто это сказал? — спросил Вагнер.

В комнате было очень темно, за исключением света, исходившего от телевизора. Он никого не видел, поэтому **понюхал** воздух. Он сразу узнал запах.

— А, это вы, — удивлённо сказал оборотень. — Я не знал, что вы придёте сегодня вечером.

Доктор Гриффин, он же Человек-невидимка, кивнул головой, но Вагнер это не увидел. Оборотень, конечно, унюхал запах человека. У оборотней очень хорошее чувство **обоняния**, а люди очень **дурно** пахнут.

— У меня никогда не получается вас **одурачить**, — со смехом сказал Гриффин.

Он был в хорошем настроении. Он сел на пустой стул и взял газету. Единственное, что видел оборотень, это его шорты и газету. Человек-невидимка предпочитал носить как можно меньше одежды. Одежда всегда видна на его невидимом теле, а он предпочитал передвигаться **тайком,** чтобы никто не мог его видеть.

Оборотень Вагнер и Человек-невидимка были в новом доме графа Дракулы в Вирджинии. Дом был очень большим и дорогим, и был окружён небольшим лесом. В Вирджинии было много лесов и холмов. Это было хорошее место для чудовищ. Там можно было жить и **охотиться**.

Они ждали, когда Дракула вернётся домой. Он был их главарём, а сегодня вечером было ежемесячное собрание, на которое все должны были приехать. Все рядовые чудовища должны были **явиться** на встречу, даже те, кто живёт за границей.

— В любом случае, я согласен с вами насчёт того, чтобы пугать людей, Вагнер, — сказал Гриффин. — Я не знаю, что имел в виду этот парень по телевизору. Если уж ты чудовище, то почему бы и не попугать людей?

Он перевернул страницу газеты, продолжая **втихомолку** следить за оборотнем.

Вагнер **нахмурился** и показал свои острые нижние зубы.

— Но на самом деле вы не чудовище, — сказал он. — Вы просто человек, которого никто не видит. Это не делает вас чудовищем.

— Я думаю, это зависит от того, что вы **подразумеваете** под словом «чудовище».

— Ну хорошо, по моему определению вы не чудовище, — хмуро ответил Вагнер. Затем он оглянулся и добавил: — А где этот Франкенштейн? Такой большой **урод**. Вот это настоящее чудовище!

— Потише, — сказал Гриффин шепотом, — говорите потише. Я думаю, что он в доме.

— Ну и что? У него ужасный **слух**, — ответил Вагнер. — Кроме того, я просто сказал, что он — чудовище.

— Ну, не буду спорить. Старый «чудовищный Фрэнк» — один из самых ужасных чудовищ в мире, — согласился Человек-невидимка. — Я не могу с ним сравниться. Он гораздо ужаснее и страшнее меня, хотя я тоже очень страшный парень.

— Вы совсем не страшный, — **перебил** оборотень.

— И я хотя бы умный, — продолжил Гриффин, **пропустив мимо ушей оскорбление**.

— Монстр Франкенштейн такой глупый! Он никогда не сможет быть ни главарём, ни даже хорошим исполнителем. Понимаете, о чём я? Он ни на что не способен.

— Вы не очень хорошо его знаете. Он умнее, чем кажется, — ответил Вагнер. — Кроме того, никто не говорит, что чтобы быть чудовищем, надо обязательно быть быть умным.

— Да знаю, — сказал Гриффин, всё больше раздражаясь. — Но чтобы изменить мир к лучшему, нужно быть умным. Посмотрите на меня, я — доктор.

— Тоже мне, доктор! Подумаешь! — сказал Вагнер, закатывая глаза.

Затем он сделал паузу и продолжил.

— Но я думаю, если хочешь быть начальником, надо быть умным. Однако большинству из нас власть ни к чему. На самом деле большинство из нас готовы **оставаться в тени**. Мне не нужно много внимания. Мне не нужна репутация. Мне просто нужно пугать кого-то раз в месяц или съедать кого-то время от времени. Но я не **жажду** власти. Вам пора бы это уже знать, — закончил он и повернулся, чтобы посмотреть на Гриффина, хотя он его не видел.

— Но я думаю, что как раз в этом и **суть** проблемы, — объяснил Гриффин. — Нам нужна власть. Нам нужна хорошая организация. Нам нужно стать умнее, и тогда мы, чудовища, сможем захватить мир!

Оборотень **зевнул**. Человек-невидимка просто не слушал его – как обычно. Гриффин всегда говорил об одном и том же, и Вагнер слышал эту речь раньше. Человек-невидимка интересовался только захватом мира. Он был **одержим** этой идеей.

Вагнер пошёл на кухню, чтобы приготовить попкорн в микроволновке.

— Если ты хочешь управлять планетой, то **милости просим**, — крикнул он Гриффину из другой комнаты. — Никто тебя не останавливает.

— Я один не справлюсь, — раздражённо крикнул Гриффин в ответ. — Мне нужны чудовища! Мы должны работать вместе в одной команде.

— Большинству **на это плевать**, — крикнул Вагнер с кухни.

Несколько минут спустя он вернулся в гостиную с тарелкой попкорна.

Оборотень сел перед телевизором и снова переключил канал. По-прежнему ничего хорошего не было. Он выключил телевизор и встал. С выключенным телевизором комната погрузилась в темноту.

— Эй, здесь слишком темно, — пожаловался Гриффин. — Я ничего не вижу в темноте!

— Зато я вижу, — сказал Вагнер с **волчьей** улыбкой.

Он подошел сзади к стулу, на котором сидел Человек-невидимка, схватил газету и разорвал ее на части.

— А-а-а! — закричал Гриффин.

— Вот, — сказал Оборотень, — теперь вы знаете, каково это, когда кого-то не видно. Это **раздражает**, не так ли?

— Я не могу перестать быть невидимым, — сказал Гриффин. — Я ничего не могу с этим поделать. Я же об этом не просил.

— Нет, просили! Вы приготовили напиток, чтобы **преднамеренно** стать невидимым.

— Ну ... да, думаю, вы правы, но ... — сказал Гриффин, **спотыкаясь** о маленький столик, пытаясь отойти подальше от оборотня. Иногда его слишком **заносило**. — Включите свет, пожалуйста, — сказал он слишком громко. — С меня хватит!

Где-то в темноте снаружи **завыла** собака. Затем дверь открылась, и в комнату ворвался ветер. Бесшумно вошёл Дракула.

— Добрый вечер! — медленно произнес старый вампир, щелкнув своим длинным пальцем по выключателю. — О чем это вы тут вдвоём говорите в темноте?

— Мы говорим о том, что чудовища — глупы, — сказал Человек-невидимка.

— Понятно, — сказал Дракула. — Надеюсь, ко мне это не относится, — вампир посмотрел прямо на Гриффина и улыбнулся, показывая свои острые зубы.

Приложение к главе 1

Краткое содержание

Настало время ежемесячной встречи всех великих чудовищ. Вагнер-оборотень и Гриффин-невидимка находятся в доме Дракулы в Вирджинии. Они спорят о том, что значит быть чудовищами. Гриффин считает, что чудовища должны захватить весь мир. Тем не менее, ему нужна поддержка, чтобы этого добиться. Оборотень говорит, что не хочет править миром. Гриффин думает, что многие чудовища слишком глупы, чтобы захватить мир. Затем Дракула приходит домой и хочет узнать, о чём говорят Вагнер и Гриффин.

Словарь

чудовище monster
наскучить (perf.) to get bored with something
существо creature
оборотень werewolf
пугать (imperf.) to scare
срыгнуть (perf.) to burp
терпение patience
отвращение disgust
отчаяние despair
понюхать (perf.) to sniff
обоняние sense of smell
дурно пахнуть (imperf.) to have a foul smell
одурачить (perf.) to fool somebody
тайком in secret, surreptitiously
охотиться (imperf.) to hunt

явиться (imperf.) to attend (a meeting)

втихомолку secretly

нахмуриться (perf.) to frown

подразумевать (perf.) to infer, to mean

урод freak

слух hearing

перебить (perf.) to interrupt

пропустить мимо ушей (colloq.) to turn a deaf ear to something

оскорбление insult

оставаться в тени (imperf.) to keep low profile, to stay hidden

жаждать (perf.) to crave

суть essence

зевнуть (perf.) to yawn

одержимый obsessed

милости просим (idiom.) you are welcome

плевать на что-то (colloq.) to be indifferent, not to care about

волчий wolfish

раздражать (imperf.) to annoy

преднамеренно intentionally

спотыкаться (imperf.) to stumble

его заносило he got carried away

завыть (perf.) to howl

Вопросы к тексту

Выберите один ответ на каждый вопрос.

1. Какой из следующих прилагательных лучше
    всего описывает Вагнера?
    a. спокойный
    b. вежливый
    c. нетерпеливый
    d. здоровый

2. Вагнер хочет ___.
    a. стать похожим на Человека-невидимку
    b. обладать большой властью
    c. иногда пугать людей
    d. чтобы все его замечали

3. Почему Вагнер думает, что человек, который
    ему отвечает, это Гриффин?
    a. Он узнал его по запаху.
    b. Он может видеть в темноте.
    c. Он видит невидимых людей.
    d. Он узнал его голос.

4. Кто, по мнению Вагнера и Гриффина, самое
    уродливое чудовище?
    a. Дракула
    b. Оборотень
    c. Болотник
    d. Франкенштейн

5. Чем одержим Гриффин?
   a. Он любит пугать людей.
   b. Франкенштейном.
   c. Завоеванием мира.
   d. Телевидением.

Глава 2 – Вызов

Каким-то образом Дракула всегда знал, где был Человек-невидимка. Это **бесило** Гриффина. У вампиров было много секретных **способностей**. Поскольку Дракула был самым старым вампиром, он много чего умел. Он никогда никому не рассказывал обо всех своих скрытых талантах. Ему нравилось быть **загадочным**.

— Я не имел в виду вас, шеф, — нервно сказал Гриффин. — Вообще-то это Вагнер затронул эту тему. Он сказал, что большинство чудовищ — глупы.

Дракула **устрашающе** улыбнулся. Его красные губы казались очень тёмными на фоне бледного лица.

— Конечно, чудовища глупы, — сказал он, а затем добавил: — Но мы всё же умнее людей. Это всем известно.

Человек-невидимка знал, что ответ Дракулы был оскорблением. В глазах других чудовищ он всегда будет человеком. Но бо́льшую часть времени Гриффин чувствовал себя чудовищем, даже если, строго говоря, он им не являлся. Люди его тоже не видели, и поэтому он настолько отличался от людей, что не принадлежал к их обществу. Вот почему он решил вступить в союз с чудовищами, чтобы покорить мир. Тем не менее ему нужно было найти способ заставить их делать то, что он хотел.

— А вот мистер Хайд — умный человек, — сказал оборотень, взяв тарелку попкорна. — Но иногда я думаю, что обычное среднее чудовище — **дурак дураком**. Нам действительно нужно улучшить систему образования, Дракула.

Никто, кроме Вагнера, никогда так с Дракулой не разговаривал. Большинство других чудовищ боялись старого вампира, и на то была **веская причина**. Однако вампир и оборотень были хорошими друзьями. Иногда они даже вместе ходили на охоту.

— Нам не нужны умные чудовища, Вагги, — ответил Дракула. Он всегда прозывал Вагнера уменьшительным именем «Вагги». — У нас есть несколько умников. Мистер Хайд, вы, я. Я, наверное, — самый умный.

— Так и есть, шеф, — сказал Человек-невидимка с улыбкой.

Затем он **одобрительно** показал Дракуле поднятый вверх большой палец, но никто этого не увидел. Однако Вагнер был очень сильным и дерзким. Он часто бросал вызов старому вампиру.

— А вы уверены, что вы действительно самый умный из нас? — спросил он Дракулу.

— А кто умнее меня? — удивленно спросил старик. — Назовите чудовище, которое умнее меня, а? Нету таких.

— Дайте подумать, — сказал оборотень, **жуя** попкорн. Он **слизал** соль со своих длинных ногтей. — Как насчет того парня в **бинтах**?

— Какой ещё парень в бинтах? — спросил Человек-невидимка. — Вы имеете в виду того, **обёрнутого**?

— Да, он весь обёрнут бинтами, — продолжал Вагнер, задумываясь.

Дракула засмеялся, и земля **задрожала**.

— Вы имеете в виду Мумию, не так ли? Вы шутите, что ли? Он ещё тот дурак!

Глаза оборотня **вспыхнули** ярко-красным светом.

— Мумия, может, и глупая, но она не всегда была такой. Перед смертью она была правителем Египта. Он был умным человеком в те времена.

— Это всего лишь **слухи**, — сказал Дракула. — Любой может сказать: «Я был правителем Египта». Вот ещё! Он никогда не мог ничего доказать.

Вагнер **почесал** спину:

— Зачем ему врать об этом?

— Да он сумасшедший! — ответил Дракула, качая головой. — В прошлом месяце он сказал, что выиграл золотую олимпийскую медаль по плаванию.

Человек-невидимка кашлянул.

— Да, было такое, — сказал он, пытаясь **стащить** попкорн из тарелки.

Оборотень поймал его и ударил по руке.

— Не трогай мой попкорн. Сам себе сделай!

Внезапно дверь с шумом отворилась, и кто-то вошел в комнату. Это был Болотник.

— Это правда! — сказал Болотник.

Однако большинству других было трудно понять, что он говорил. Болотник не очень хорошо говорил по-русски. У него был большой, как у рыбы, рот, из-за чего ему было трудно говорить. Ему также не нравилось находиться **на суше**, поэтому у него обычно было плохое настроение. Большую часть времени он жил один в глубоких темных болотных водах, но сегодня вечером он прибыл к Дракуле на ежемесячную встречу чудовищ.

— Это правда, — медленно повторил Болотник. — Мумия была египетским фараоном несколько тысяч лет назад.

— Что-то я в этом сомневаюсь, — сказал Дракула, улыбаясь. — Но это не имеет значения. В те дни он не был чудовищем. Вот что я имею в виду. Мумия стала чудовищем после того, как умерла и восстала из мёртвых.

— Как ему это удалось? — спросил Человек-невидимка. — Я бы тоже хотел восстать из мертвых.

— Я могу помочь вам в этом, — сказал Дракула, подходя ближе.

— Подождите! Я не хочу переродиться в вампира, — закричал Гриффин в панике.

— Вы бы предпочли переродиться в **безумную** мумию? — удивленно спросил Дракула.

— Нет … но я не хочу пить кровь, — ответил Гриффин.

— А вы когда-нибудь её пробовали?

— Нет! Тьфу! Это отвратительно.

Дракула злобно посмотрел на Гриффина.

— Я имею в виду, хм ... я уверен, что это не так уж плохо. Но ... — продолжал Гриффин, — но вы когда-то были человеком, верно, граф Дракула?

— Все вампиры когда-то были людьми, но затем мы становимся вампирами, — холодно ответил Дракула.

— После смерти? — спросил Гриффин.

— Всё не так просто, но в общем да.

— Тогда по сути вы похожи на Мумию, — сказал Человек-невидимка.

Как только он это произнёс, Гриффин понял, что совершил большую ошибку. Дракула пролетел через всю комнату и схватил его за невидимую шею.

— Не сравнивай меня с ним! — взревел он.

— Подождите подождите ... остановитесь! Вы собираетесь меня убить? — в панике спросил Гриффин.

— Ещё не решил, — сказал Дракула. Затем он пожал плечами и сказал: — Наверное, да.

— Не делайте меня вампиром! — воскликнул Гриффин. — Я хочу оставаться человеком.

— Почему? — спросил Вагнер, **выплёвывая** кусок попкорна. — Вы всегда говорили, что хотели быть чудовищем. Теперь у вас есть такая возможность.

— Подождите! Нет! Я хочу оставаться человеком, — крикнул Гриффин. — Возможно, я и не самый умный человек на Земле ...

— Вы самый глупый! — сказал Дракула, приближая свои острые зубы к лицу Гриффина.

— Но даже самый глупый человек умнее самого умного чудовища, — продолжил Гриффин.

Вот. Наконец он сказал это. Он спокойно ждал, что произойдёт дальше.

Дракула был так зол, что **швырнул** Гриффина в другой конец комнаты. Ничего не было видно, кроме шорт Человека-невидимки, которые пролетели в воздухе. Затем они увидели, как разбилось окно. Дракула выбросил Гриффина в окно, и он упал на маленькое дерево на улице.

Гриффин поднялся. Он посмотрел вверх на окно и закричал:

— Я в порядке! — Затем он добавил: — И я **бросаю** вам **вызов**, Дракула!

— Ушам своим не верю, — сказал Оборотень, глядя на Болотника. — Никому не советую вызывать на **кулачный бой** Короля вампиров! Никогда!

— Я **порву тебя на части**! — крикнул Дракула, направляясь к Гриффину.

— Нет, не на кулачный бой, — быстро сказал Человек-невидимка, **влезая через** разбитое окно. — Вы говорите, что вы самый умный монстр. Вы говорите, что я самый тупой человек. Давайте проверим: в самом ли деле самый глупый человек умнее, чем самый умный монстр. Вот мой вызов.

Другие чудовища посмотрели на своего главаря. У Дракулы не было выбора. Ему пришлось принять вызов.

Приложение к главе 2

Краткое содержание

Чудовища продолжают обсуждать умственные способности монстров и людей. Затем Гриффин сравнивает Дракулу с другим чудовищем по имени Мумия. Дракуле не нравится Мумия, его это злит, и он выбрасывает Гриффина из окна. С Гриффином всё в порядке, но он разъярён. Он встает и бросает вызов Дракуле. Он не хочет драться на кулаках, он хочет устроить состязание, чтобы узнать, кто умнее: чудовище или человек. Дракула соглашается на состязание.

Словарь

бесить (imperf.) to annoy, exasperate

способность ability

загадочный mysterious

устрашающе threateningly

дурак дураком (colloq.) a complete fool

веская причина a good reason

одобрительно approvingly

жевать (imperf.) to chew

слизать (perf.) to lick off

бинт bandage

обёрнутый wrapped

задрожать (perf.) to tremble

вспыхнуть (perf.) to flash

слухи rumours

почесать (perf.) to scratch

стащить (perf.) to steal

на суше on dry land

безумный senseless, mindless, crazy
выплёвывать (imperf.) to spit out
швырнуть (perf.) to hurl
бросать вызов (imperf.) to challenge somebody
кулачный бой a fist fight
порвать на части (perf.) to tear into pieces
влезть через (perf.) to climb over

Вопросы к тексту

Выберите один ответ на каждый вопрос.

6. Вагнер может сказать Дракуле всё что угодно, потому что он ___.
   a. сильнее чем Дракула
   b. друг Дракулы
   c. старше Дракулы
   d. умнее Дракулы

7. В каком месте Мумия была правителем?
   a. В Вирджинии.
   b. В болоте.
   c. В Египте.
   d. В США.

8. Почему Гриффин не хочет, чтобы Дракула превратил его в вампира?
   a. Он не хочет пить кровь.
   b. Он боится умереть.
   c. Он не любит вампиров.
   d. Он думает, что он станет глупым.

9. Кто из этих героев рассказа не любит Мумию?
   a. Болотник
   b. Вагнер
   c. Гриффин
   d. Дракула

10. Почему Гриффин бросает вызов Дракуле?
    a. Он думает, что он умнее Дракулы.
    b. Он думает, что он сильнее, чем Дракула.
    c. Он хочет, чтобы Дракула его убил.
    d. Он хочет, чтобы Вагнер убил Дракулу.

Глава 3 – Ловушки для чудовищ

Гриффин хотел стать главарём всех чудовищ. Тогда он смог бы захватить весь мир. У него появилась уникальная возможность! Если он сможет доказать, что он умнее Дракулы, чудовища будут подчиняться ему.

На собрании Гриффин объяснил чудовищам правила **состязания**.

— Кто самый сильный из чудовищ? — начал он.

— Мы знаем, что это граф Дракула, наш босс, — провозгласил он.

Другие чудовища сидели в гостиной и слушали. Франкенштейн наконец прибыл, и несколько зомби сидели на полу, словно дети. Там же была Мара, **ведьма** с Востока, мистер Хайд, прилетевший из Англии, и древняя Мумия. Мумия не могла сидеть из-за **жёстких** бинтов, поэтому она стояла в углу, подальше от камина.

— А кто самый умный из чудовищ? — продолжил Человек-невидимка, не дожидаясь ответа.

— Дракула, — сказал Дракула, сердито оглядываясь. — Хватит тратить наше время. К чему вы ведёте, доктор Гриффин?

— Да, вы самый умный, — согласился Гриффин. — Дракула самый умный и сильный монстр. И что он сделал для нас?

Его слушатели посмотрели друг на друга. Дракула **скрестил руки** и **поднял брови**, но ничего не сказал.

— Кто даст мне ответ? — спросил Гриффин. — Позвольте мне спросить ещё раз. Если он лучший из нас, что он для нас сделал? Ничего! Все эти годы мы продолжаем прятаться в тени. Мы ведём себя так, как будто боимся людей. Но это они должны нам **подчиняться**!

— Хм... у нас есть собственный телевизионный канал, — сказал Болотник.

Остальные кивнули в знак согласия.

— И он ужасный! — сказал Гриффин, качая головой. — Он показывает только повторы старых шоу и хоккей. Это неактуально.

— Ну, я люблю хоккей, — сказал Вагнер, оглядываясь по сторонам.

Несколько чудовищ кивнули в знак согласия.

— К чему вы ведёте? — снова спросил Дракула. Ему было любопытно узнать, в чём состоит вызов Гриффина.

— Так вот, — продолжил Гриффин. — Вы приняли меня в ряды чудовищ. Несмотря на то, что я — человек, вы **позволяете** мне быть чудовищем. Я благодарен вам за это.

Человек-невидимка помолчал и улыбнулся, но никто этого не заметил. Чудовища видели только его шорты, двигающиеся взад и вперед по комнате.

— Но теперь я хочу помочь вам, — продолжил он. — Вы — мои братья и сестры. И я могу сделать для вас больше, чем Дракула. Он был человеком много лет назад. Но он забыл о человеческой **жадности** и человеческих амбициях. Он обленился.

Собравшиеся тихо заговорили между собой. Глаза Дракулы покраснели от **гнева**. Он **прикусил губу**. Он хотел схватить Гриффина, но решил подождать. Он все ещё хотел знать, какой вызов бросит ему Гриффин.

Гриффин видел, что другие чудовища вот-вот потеряют терпение, поэтому он заявил:

— Я бросаю вызов Дракуле: один из нас будет новым главарём чудовищ — громко объявил он.

В комнате наступила тишина.

Он продолжил:

— Вот что мне нужно. Расставьте две ловушки. Обе ловушки должны быть одинаковыми. Выбраться из них можно будет только одним способом. Ни я, ни Дракула не будем знать, какой это способ. Тот, кто сможет найти выход, и будет главарём.

— И это всё? — спросил Вагнер. — Звучит довольно просто.

Оборотень оглядел комнату.

— Что вы скажете? Согласны ли вы с этим планом?

Всем известно, что чудовища любят ловушки. Некоторые из них прекрасно их расставляют. Все они стараются в них не попасться. Чудовища засмеялись, **зафыркали** и захлопали в ладоши, соглашаясь с планом Гриффина. Вагнер тоже кивнул своей волосатой головой и повернулся к своему боссу.

— Что вы скажете, граф Дракула?

— Я умнее этого идиота, — сказал он, указывая на Человека-невидимку. — Из любой вашей ловушки я выберусь через несколько секунд. Но вам нельзя использовать **чеснок** или крест, — сказал он. — Вампиры их боятся, так что это будет нечестно.

— И никакого **волшебства**, — добавил Гриффин. — Люди бессильны против волшебства.

Чудовища кивнули в знак согласия.

— Итак, мы согласны, — заявил Гриффин. — Ведьмы, вы лучше всех расставляете ловушки. Сколько времени потребуется на то, чтобы их установить?

Мара, восточная ведьма, созвала своих подруг. Они прилетели в Вирджинию, но ветер был очень сильным, поэтому у них **были заложены уши**. Маре пришлось говорить очень громко.

— Мы должны изготовить два чёрных ящика, — крикнула она. — Их нужно сделать так, чтобы из них нельзя было выбраться. Но помните, никакого волшебства, чеснока или крестов.

Мара помедлила, а затем продолжила.

— Кроме того, должен быть … — начала она, но тут неожиданно появились ещё две ведьмы.

Она пошла поздороваться с ними и не закончила своё предложение. Чудовища не возражали. Ведьмы принесли закуски. Собрание закончилось, и задача была поставлена.

В течение следующей недели ведьмы **изготовили** два гигантских черных **ящика** из плотного металла. В них не было ни дверей, ни окон, но в каждом оставалось только одно небольшое **отверстие**. Отверстие было достаточно большим, чтобы кто-то мог залезть внутрь, и как только он оказывался внутри, ведьмы должны были **запечатать** отверстие, **расплавив** металл на огне с помощью факелов. Состязание должно начаться после того, как отверстие будет закрыто.

Мара доделала второй ящик и позвала остальных чудовищ:

— Скажите графу Дракуле, что ловушки готовы.

Дракула посмотрел на ящики и был **впечатлён**. Ведьмы работали быстро. Они построили ловушки меньше, чем за неделю.

— Отличная работа, дамы, — сказал он со страшной улыбкой, стоя возле своего ящика.

Ведьмы расставили ловушки на краю Туманного Нижнего Болота. Все остальные чудовища собрались вокруг ящиков, чтобы поглазеть на состязание. Ярко светила полная луна, была глубокая ночь. Состязание должно был начаться в полночь.

— Где Гриффин? — спросил мистер Хайд. — Он испугался и убежал?

Вагнер понюхал воздух.

— Нет, он здесь. Я чувствую запах его **вонючей** одежды.

Гриффин-невидимка вышел из своего **укрытия**. На нём была одежда, а его лицо было перевязано бинтами. На нём также были тёмные очки. Всем было хорошо его видно.

— Извините, я опоздал, — тихо сказал он. Он подошел к чёрным ящикам и посмотрел прямо на графа Дракулу. — Ну, нечего **тянуть резину**. Начинаем!

Гриффин залез в первый ящик. Остальные внимательно смотрели на Дракулу. Дракула пожал плечами и залез во второй.

— Запечатывайте отверстия, — приказал Вагнер.

Ведьмы взяли факелы и запечатали отверстия, расплавив металл на огне. Когда отверстия были закрыты, оборотень кивнул.

— Теперь, Болотник, бросай ящики в болото.

— Я не знал, что это входило в наш план, — сказал мистер Хайд.

Вагнер уставился на него, улыбаясь.

— А сейчас входит. Мы должны быть уверены, что в ящиках нет отверстий. Приступай, Болотник!

Болотник был очень силён. Он легко толкнул оба тяжелых ящика в воду. Они опустились на дно болота. Пузырьки воздуха не поднимались. В коробках не было дыр.

— Что теперь? — спросил мистер Хайд.

— Теперь мы будем ждать, — сказал Вагнер, вытаскивая еду из кармана.

Чудовища стояли и ждали ... ждали... и ждали. Они простояли возле ящиков всю ночь, но ни Дракула, ни Гриффин не появились.

— Что нам теперь делать? — спросила Мара, когда взошло солнце.

— Я думаю, что пора отпраздновать, — раздался голос из леса.

— У нас есть победитель!

Кто-то спрыгнул с дерева. Это был Гриффин! Он набросил на голову белую простыню.

— У-у! — сказал он.

Чудовища подскочили от неожиданности и закричали. Вагнер улыбнулся.

— Как вы смогли выбраться? — спросил он.

— Я не выбирался. Потому что и не залезал внутрь ящика, — объяснил Гриффин.

— Как? А кто тогда залез? — спросил мистер Хайд.

— Этот дуралей Мумия! — со смехом объяснил Гриффин. — Я обманул его. Я нарядил его в такую же одежду, как у меня, и положил **динамик** ему в карман, — сказал Гриффин. Он показал **крошечный** микрофон. — Вы слышали мой голос, но он звучал так, как будто он исходил от него. Я прятался на дереве.

Он снова рассмеялся.

Вагнер тоже засмеялся и похлопал Гриффина по спине.

— Очень смешно, Грифф! Но Дракула будет очень зол, когда он вернётся.

Ведьмы посмотрели друг на друга. Одна из них переспросила:

— В каком смысле — «когда он вернётся»? Ящики запечатаны. Из них невозможно вылезти.

Мара хлопнула себя по лбу.

— О нет! Я забыла сказать им о том, как выбраться из ловушки.

Вагнер вытаращил глаза.

— Вы же должны были сделать так, чтобы из ловушки можно было выбраться! Поверить не могу! Ведьмы, вы просто идиотки!

— Видите, я же говорил вам, что чудовища тупее людей, — сказал Гриффин смеясь.

— Признаю вашу правоту, — сказал Вагнер, оглядываясь на других чудовищ. — Итак, у нас есть победитель! Поприветствуйте нашего нового главаря, доктора Гриффина, также известного как Человек-невидимка.

Затем он повернулся к Гриффину и тихо промолвил:

— Я был неправ относительно вас, Гриффин. Вы действительно чудовище. Самое **отъявленное**!

— Да, отъявленный представитель рода человеческого, — сказал Гриффин, смеясь.

Затем он повернулся к группе чудовищ.

— А теперь, — начал он, — давайте поговорим о том, как нам захватить мир ...

Краткое содержание

Гриффин рассказывает чудовищам о поставленной задаче. Он просит ведьм построить две ловушки. Он залезет в одну ловушку; Дракула — в другую. Первый, кто выберется из ловушки, станет новым главарём чудовищ. Ведьмы изготавливают два ящика, и два чудовища залезают внутрь. Болотник сталкивает ящики в болото. Все ждут, когда чудовища появятся. Когда наступает утро, Гриффин спрыгивает с дерева, на котором он прятался. Он объясняет, что обманом заставил Мумию залезть в ящик. Он говорит, что он победитель. Тогда ведьмы понимают, что из ловушек, которые они сделали, выбраться невозможно. Мумия и Дракула навсегда оказались в ловушке. Гриффин выигрывает состязание и становится главным чудовищем.

Словарь

ловушка trap

состязание contest

ведьма witch

жёсткий rigid, inflexible

скрестить руки (perf.) to cross arms

поднять брови (perf.) to raise eyebrows

подчиняться (imperf.) to submit

позволять (imperf.) to allow

жадность greed

гнев rage

прикусить губу (perf.) to bite one's lip

фыркать (perf.) to grunt
чеснок garlic
волшебство magic
уши были заложены ears were blocked
изготовить (perf.) to manufacture
ящик box
отверстие opening
запечатать (perf.) to seal
расплавить (perf.) to melt
впечатлить (perf.) to impress
вонючий smelly
укрытие hiding place
тянуть резину (imperf., colloq.) to drag it out
динамик loudspeaker
крошечный tiny
отъявленный worst kind, horrible

Вопросы к тексту

Выберите один ответ на каждый вопрос.

11. Гриффин устраивает состязание, потому что он ___.
    a. зол на Дракулу за то, что тот выбросил его из окна
    b. хочет доказать, что он умнее, чем Дракула
    c. хочет показать чудовищам, что он сильнее, чем Дракула
    d. боится Дракулы

12. Когда Гриффин объяснил задание, чудовищам понравилась его идея, потому что они ___.
    a. думали, что он умрёт
    b. думали, что Дракула умрёт
    c. любят ловушки
    d. любят болота

13. Дракула соглашается на состязание при условии, что ведьмы не будут использовать ___.
    a. чеснок и клевер
    b. кресты и мел
    c. чеснок и болотную воду
    d. кресты и чеснок

14. Найдите следующие слова в этой главе. Какое из них имеет положительное значение?
    a. глупый
    b. вонючий
    c. идиот
    d. амбиция

15. Как Дракула и Мумия смогут выбраться из ловушки?
    a. Никак не смогут.
    b. Они должны дождаться восхода солнца.
    c. Они воспользуются динамиком.
    d. Они расплавят двери в ящиках.

Answer Key

Вещий сон: *Глава 1*: 1. b, 2. c, 3. d, 4. a, 5. c; *Глава 2*: 6. c, 7. d, 8. a, 9. b, 10. c; *Глава 3*: 11. d, 12. b, 13. a, 14. b, 15. a

Смелость города берёт : *Глава 1*: 1. c, 2. a, 3. b, 4. b, 5. c; *Глава 2*: 6. c, 7. d, 8. c, 9. d, 10. d; *Глава 3*: 11. c, 12. a, 13. a, 14. d, 15. c

Проклятый город: *Глава 1*: 1. b, 2. d, 3. a, 4. a, 5. b; *Глава 2*: 6. a, 7. c, 8. d, 9. c, 10. b; *Глава 3*: 11. a, 12. a, 13. c, 14. a, 15. c

Мой друг суперкомпьютер: *Глава 1*: 1. d, 2. b, 3. a, 4. c, 5. d; *Глава 2*: 6. d, 7. a, 8. d, 9. c, 10. d; *Глава 3*: 11. c, 12. b, 13. a, 14. d, 15. a

Максим Максимкин и секретный рецепт газировки: *Глава 1*: 1. d, 2. c, 3. d, 4. a, 5. d; *Глава 2*: 6. c, 7. a, 8. d, 9. a, 10. c; *Глава 3*: 11. d, 12. d, 13. a, 14. c, 15. b

Город Черепов: *Глава 1*: 1. a, 2. c, 3. a, 4. b, 5. b; *Глава 2*: 6. d, 7. c, 8. a, 9. b, 10. b; *Глава 3*: 11. a, 12. d, 13. c, 14. b, 15. d

Споры о любви: *Глава 1:* 1. d, 2. d, 3. c, 4. c, 5. d; *Глава 2:* 6. b, 7. a, 8. d, 9. b, 10. d; *Глава 3:* 11. d, 12. c, 13. b, 14. d, 15. b

Чудовищная задача: *Глава 1:* 1. c, 2. c, 3. a, 4. d, 5. c; *Глава 2:* 6. b, 7. c, 8. a, 9. d, 10. a; *Глава 3:* 11. b, 12. c, 13. d, 14. d, 15. a

Russian–English Glossary

А
авантюра risk, adventure
автоответчик voicemail
алчный greedy

Б
барабанить (imperf.) to drum
без ума (быть влюблённым) strongly, madly (in love)
безумный senseless, mindless, crazy
бесить (imperf.) to annoy, exasperate
бетонный (adj.) concrete
бешено madly, furiously
бинт bandage
биться об заклад (imperf.) to bet
блефовать (imperf.) to bluff
болтать (imperf.) to chat, to dangle
бросать вызов (imperf.) to challenge somebody
бросаться в глаза (imperf.) to be conspicuous
бывший former
была не была (idiom.) here goes nothing
быть неравнодушным к кому-то (idiom.) to have a soft spot for someone

В
в глубине души deep down
в плену captive, imprisoned

в поту in a sweat
в розыске wanted
ведьма witch
везунчик (colloq.) a lucky one
веская причина a good reason
вечность eternity
вечный eternal
вещий сон dream that may come true
взвизгнуть (perf.) to shriek
взрыв explosion
взмолить о пощаде (perf.) to cry out, to ask for mercy
вид species
виновато guiltily
владелец owner
влиятельный influential
влезть через (perf.) to climb over
вне себя (colloq.) infuriated
вовлечь (perf.) to involve
воевать (imperf.) to fight
возбуждать (imperf.) to incite, to excite
возбуждённо excitedly
вознаграждение award, remuneration
волчий wolfish
волшебство magic
вонючий smelly
вооружённый armed
вор thief
ворваться (perf.) to burst into
впечатлить (perf.) to impress
вписываться (imperf.) to fit in
всадник horseman, rider

вселить надежду (perf.) to give hope

вскинуть брови (perf.) to raise eyebrows

вскрикнуть от испуга (perf.) to cry out in fright

вспыхнуть (perf.) to flash

встретить свою половину (perf.) to meet your other half

всхлипнуть (perf.) to sob, to cry

втихомолку secretly

выбросить из головы (colloq.) to take one's mind off something

вызов provocation, challenge

вымазать (perf.) to smear

вымышленное имя pseudonym, nickname

выплёвывать (imperf.) to spit out

высовываться (imperf.) to stick one's neck out

высочайший уровень защищенности top-level security protection

высмеять (perf.) to make fun of someone, to mock

вытаращить глаза (perf.) to look wide-eyed

вышибала bouncer

выяснить (perf.) to find out

въезд на трассу motorway ramp

вьюк saddle bag

Г

гнев rage

гнетущий oppressive, depressing

глотать воздух (imperf.) to gulp the air

год изготовления year of manufacture

горняк miner

грузный stout

гудок ring, phone signal, beep

Д

два сапога пара (idiom.) two of a kind, deserving each other

дворецкий butler

дежавю déjà vu, sense of recollection of a previous experience

держать кого-то на коротком поводке (imperf.) to keep somebody on a tight leash

держать ухо востро́ (imperf.) to keep eyes open, to be on one's guard

держаться подальше (imperf.) to steer away from

детище brainchild, creation

дикость wildness

динамик loudspeaker

дневник diary, journal

добыча prey

довести дело до конца (perf.) to get the job done, to follow something through

догадаться (perf.) to guess

догадка guess, clue

догорать (imperf.) to go out (about a fire)

дойти (=понять) (perf.) to realise

долговременная память long-term memory

дорожные работы roadworks

досада annoyance

достаться (perf., colloq.) to get told off

достойная партия good match

дотянуться до (perf.) to reach for

дурак дураком (colloq.) a complete fool

дурно пахнуть (imperf.) to have a foul smell

Дюймовочка Thumbelina (can be used to describe tiny or short people)

Е

его заносило he got carried away
ерунда nonsense, nothing important
ехидно acidly

Ж

жадность greed
жажда thirst
жаждать (perf.) to crave
жевать (imperf.) to chew
жёсткий rigid, inflexible

З

за пазухой under the shirt
забавно, забавный amusing
забить в навигатор (perf.) to put the address into the navigation system
завалить (perf.) to fail
заводить (imperf.) to wind up
заводить машину (imperf.) to start a car
завороженный bewitched
завыть (perf.) to blare, to howl
завязывать с чем-то (imperf., colloq.) to pack it up, to finish
загадочный mysterious
загрузка данных data download
задать кому-то (perf.) to beat up, to punish
задеть за живое (perf.) to hit the nerve
задрожать (perf.) to tremble
зажать (уши) (perf.) to cover (one's ears)
зажмуриться (perf.) to close one's eyes tight
закадычный bosom, close (friend)

закати́ть глаза́ (perf.) to roll eyes

зайти́сь ка́шлем (perf.) to cough

закипа́ть от зло́сти (imperf.) to boil with anger

заключи́ть пари́ (perf.) to make a bet

залива́ться кра́ской (imperf.) to blush

замеша́тельство confusion

замо́лвить слове́чко (perf.) to put in a good word (for someone)

занима́тельный entertaining

занима́ть о́чередь (imperf.) to join the queue

зано́счиво arrogantly

зану́да a bore

запере́ть (perf.) to lock

запеча́тать (perf.) to seal

заполучи́ть (perf.) to get hold of

запусти́ть (perf.) to fling

зарабо́тать на хлеб с ма́слом (perf.) to earn one's living, to bring home the bacon

заса́да ambush

засе́чь вре́мя (perf.) to set a timer

заслужи́ть (perf.) to deserve

засмуща́ться (perf.) to feel embarrassed

застря́ть (perf). to get stuck

зате́я undertaking

зато́р traffic jam

заткну́ться (perf.) to shut up

захло́пнуться (perf.) to slam shut

защища́ть(-ся) (imperf.) to defend (oneself)

зевну́ть (perf.) to yawn

зли́ться (imperf.) to be angry

И

из первых уст first hand

избавиться от (perf.) to get rid of

изгой outcast

изготовить (perf.) to manufacture

изменять (imperf.) to cheat on somebody

извилистый winding

изо всей мóчи as hard as one can, try really hard

изобиловать (imperf.) to abound

изъясняться (imperf.) to make oneself understood,
to express oneself

иметь дело (imperf.) to deal with

иноземец stranger, foreigner

исключительный exceptional

исчезнуть (perf.) to disappear

К

как угорелый like mad

кислородная маска an oxygen mask

клапан valve

классный (colloq.) cool

клетка cage

ковылять (imperf.) to walk with difficulty or with
a limp

кодовый замок security lock

копоть smoke, soot, dirt

кошмар nightmare

красться (imperf.) to sneak

кратковременный short-lived

крошечный tiny

крутизна (slang) cool, awesome

круто (informal) cool, great
кудрявый curly
куковать (imperf.) to be stuck waiting (here)
кулачный бой a fist fight

Л

лёгкие lungs
ликовать (imperf.) to triumph
липовый (colloq.) fake
лихорадочно frantically
ловко skilfully
ловушка trap
ложь lie
ломать голову (imperf.) to rack one's brain
ляпнуть (colloq., imperf.) to blurt out, to say something without thinking

М

меня осенило it dawned upon me
месиво mash
место преступления crime scene
милости просим (idiom.) you are welcome
морщинистый wrinkled
мстить (imperf.) to take revenge
муки ревности pangs of jealousy
мучение torment, torture, anguish

Н

на страже on guard, keeping watch
на суше on dry land
на цыпочках on tiptoe
наверняка for sure

нависать (perf.) to hang over

навострить уши to prick one's ears, to anticipate, to be curious

нагрузка load, job

наколки tattoos

накручивать (imperf.) to twist

налоговая декларация tax declaration

намёк hint

напугать (perf.) to scare

нарваться (perf., colloq.) to ask for trouble

насадка nozzle

наскучить (perf.) to get bored with something

настойчивый persistent

настрой attitude

нахмуриться (perf.) to frown

находиться в бегах (imperf.) to be on the run

не все дома (colloq.) off one's rocker, crazy

не по себе feeling uncomfortable, ill at ease, wary

не терпеться (imperf.) to be impatient

невольничий рынок (=рынок невольников (рабов) slave market

негласное правило unwritten rule

негодяй villain

недоумение surprise, confusion

неладное something out of order, bad things

нелепо (adv.) ridiculous

неотъемлемый integral

неподходящий unsuitable

неприятностей не оберёшься (future perfective) you will get into trouble

нервный срыв nervous breakdown

нести ахинею (imperf.) to talk nonsense, to say rubbish

несчастный случай accident

неудачник loser

ни к селу ни к городу (idiom.) useless and unwanted

ни при чём nothing to do with

ничего подобного nothing like this

ничтожно insignificantly, negligibly

О

обёрнутый wrapped

обидеть (perf.) to offend somebody

обойма cartridge holder

обоняние sense of smell

оборотень werewolf

обочина road side, road shoulder

обручальное кольцо an engagement ring, a
  wedding ring

обтереть (perf.) to wipe off

общий средний балл grade point average (GPA)

объект site, facility

объявлен в розыск wanted by the police

оглушительный deafening, very loud

одержимый obsessed

одним глазком взглянуть (perf.) to take a quick
  look, to look in

одобрительно approvingly

одобрять (imperf.) to approve

одурачить (perf.) to fool somebody

озадаченный puzzled, curious, confused

оказываться (imperf.) to turn out

окрестить (perf.) to give a nickname, to baptise

окрестный surrounding, neighbouring

опасность danger

опешить to be taken aback

оправдать ожидания (perf.) to meet someone's expectations

оправиться (perf.) to recover

опрокинуться (perf.) to topple over

опрометчивый foolish, dangerous

опустевший empty, abandoned, desolate

опустить руки= упасть духом (perf.) to give up

ординаторская break room for doctors and nurses at hospitals and outpatient clinics

оружие weapons

оскорбление insult

особняк mansion

оставаться в тени (imperf.) to keep low profile, to stay hidden

оставлять в покое (imperf.) to leave alone

острые ощущения thrill

осуществить взрыв (perf.) to carry out an explosion

отбиться (perf.) to fend off

отверстие opening

отвечать взаимностью (imperf.) to reciprocate (one's feelings)

отвлечься (perf.) to get distracted, to get one's mind off

отвалить (perf., colloq.) to get lost

отвращение disgust

оторопевший bewildered, surprised, confused

отпихнуть (perf.) to shove away

отравленный poisoned

отсоединить (perf.) to disconnect

отстраниться (perf.) to move away

оттеснить (perf.) to push back

отчаяние despair

отчаянно frantically

отчитать (perf.) to tell somebody off

отъявленный worst kind, horrible

охотиться (imperf.) to hunt

П

пассия girlfriend, crush

пацан (slang) kiddo

пекарь baker

перебить (perf.) to interrupt

передразнить (perf.) to mimic, to mock, to make fun of

переживать (imperf.) to be nervous, to worry

пересмотреть свою точку зрения (perf.) to change one's point of view

перестраховаться (perf.) to be on the safe side, to take precautions

перехитрить (perf.) to outwit

планшет clipboard

плевать на что-то (colloq.) to be indifferent, not to care about

пленный captive, prisoner

по душе to one's liking

по рукам! (colloq.) agreed! it's a deal!

побег escape

поведать (perf.) to tell

повернуть время вспять (perf.) to go back in time, to turn back the clock

повисла неловкая пауза there was an awkward pause

повисла тишина silence fell

поводья (pl.) reins

погибнуть (perf.) to die, to perish

поглазеть (perf.) to gape, to gawk, to ogle

погоня chase

подать в суд (perf.) to sue

подвергнуть себя (perf.) to subject yourself to

поддаться (perf.) to succumb

подловить (кого-то) (perf.) to catch someone out

поднять брови (perf.) to raise eyebrows

подозрительно suspiciously

подразумевать (perf.) to infer, to mean

подскочить (perf.) to jump up, to be startled

подлить масла в огонь (perf., idiom.) to add more fuel to the fire

подловить (perf.) to catch out

подсобное помещение/подсобка (informal) utility room

подсоединить (perf.) to connect

подспорье help, someone very helpful

подставить подножку (perf.) to trip somebody up

подтолкнуть (perf.) to push towards

подчиняться (imperf.) to submit

подъехать (here =приехать, perf.) to come over

пожурить (perf.) to scold

позволять (imperf.) to allow

покатиться со смеху (perf.) to roll with laughter

покоситься (perf.) to give a dirty look

помириться (perf.) to make up

помыкать (imperf.) to boss around

понарошку fake, make-believe, not for real

понюхать (perf.) to sniff

попадать кому-то (imperf., colloq.) somebody will be told off

попался! (perf., colloq.) got you!

поползти (perf.) to crawl

попытать счастья (perf.) to try one's luck, to take a chance

порабощенный enslaved

пораненный injured

порвать на части (perf.) to tear into pieces

поредеть (perf.) to thin out

порочный perverse

последствие consequence

пособник accomplice, helper

потасовка fighting, row

потирать кулаки (imperf.) to rub one's fists

потрясающий amazing

поумнеть (perf.) to become wiser

похитить (perf.) to steal, to kidnap

почёсывать (imperf.), почесать (perf.) to scratch

пошевеливаться (imperf., colloq.) to hurry up

править to reign

преграждать (imperf.) to block, to stop people or things from getting through

предать огласке (perf.) to make public, to expose

предводитель leader

предводитель дворянства marchal of nobility (a reference to one of the main characters in the famous Ilf and Petrov's novel *The Twelve Chairs*)

предвосхищать (imperf.) to anticipate, to pre-empt

предложение (руки и сердца) marriage proposal, hand in marriage

преднамеренно intentionally

предпринять (perf.) to undertake, to make a move

предприятие business, company

предприимчивый adventurous, entrepreneurial
предсказывать (imperf.) to predict
предчувствие (дурное) premonition, bad feeling
преклонный возраст old age
преступник criminal
преступный мотив criminal motive, foul play
прибор appliance
приветливый friendly, affable
привидение ghost
пригрозить (perf.) to threaten
придирчивый picky, fussy
признавать (imperf.) to acknowledge
приказатьдолгожить (perf.) euphemism=умереть
   to kick the bucket, to die
прикидываться (imperf.) to pretend
приключение adventure
прикрыть (perf.) to cover up
прикусить губу (perf.) to bite one's lip
прилавок counter
принарядиться (perf.) to dress up
припасы supplies
приспичить (кому-то — dat.) to have to do, to be
   dying to do something
пробка traffic jam
проваливать (imperf., colloq.) to get lost
провести кого-то (perf.) to trick someone
проводник guide
провозгласить (perf.) to proclaim
продираться (imperf.) to get through
проклятый cursed
промазать (perf., colloq.) to miss
проникнуть (perf.) to get in

пропустить мимо ушей (perf., colloq.) to ignore, to turn a deaf ear to something

проскользнуть (perf.) to slip in

простаивать (imperf.) to stagnate

простонать (perf.) to moan

прыснуть (perf.) to giggle

прямо скажем frankly

пугать (imperf.) to scare

пудра powder

пускаться в авантюры (imperf.) to go on an adventure

пуститься наутёк (perf.) to take to heels

пустяк trifle, unimportant thing

пятерня (colloq.) palm, high-five

Р

раб slave

работать на полставке (imperf.) to work part-time

разборки showdown

разборчивый picky, overparticular

разгневанный angry, irate

раздавать направо и налево (imperf.) to give away to everyone

раздражать (imperf.) to annoy

размышления thoughts

разочарованно disappointedly

разразиться смехом (perf.) to burst into laughter

разрушение destruction

разрыв break up

разъярённый enraged

рана wound

распахнуть (дверь) to open (the door)

расплавить (perf.) to melt

рассерженно angrily

расслабиться (perf.) to relax

расстроиться (perf.) to get upset

рвануть (perf.) to pull

ревновать (imperf.) to be jealous

репетитор tutor

ринуться (perf.) to rush

роптать (imperf.) to murmur

рыпаться (imperf., usually used as negative — не рыпаться) to stay put, to lie low

С

с приветом (colloq.) queer, dotty

с треском with a bang

Саня diminutive name for Alexander (Александр)

свидание date

сдаваться (imperf.) to give up

сделать предложение (perf.) to propose (marriage), to ask someone to marry you

сдержаться (perf.) to control oneself, to refrain from doing or saying something

седельный мешок saddle bag

сеять смуту (imperf.) to sow discord

сидеть набекрень (imperf.) to sit at an odd angle

силой by force

сияющий very happy

скачать (perf.) to download

скорая (скорая помощь) ambulance

скрестить руки (perf.) to cross arms

скрытный secretive

скулить (imperf.) to whine

слежка surveillance

слезть (perf.) to dismount

слизать (perf.) to lick off

слиться (perf.) to merge

слух hearing

слухи rumours

смелость bravery

смерить (взглядом) to give a look, to size someone up

сметать с полок (imperf., colloq.) to sweep off the shelves

смска (informal) sms message

смутиться (perf.) to get embarrassed

смущённо timidly

смышлёный sharp, quick to learn

совпадение coincidence

сомнения (терзать кого-то - e.g. её терзали сомнения) to have doubts, to be worried about something

сойти с ума (perf.) to go crazy

сокровище treasure

сорваться с места (perf.) to race off, to dash

сосредоточиться (perf.) to concentrate

состязание contest

сотрясаться в конвульсиях (imperf.) to convulse, to shake

сочувствие compassion, sympathy

спешиться (perf.) to get off a horse

сплюнуть (perf.) to spit

способность ability

спотыкаться (imperf.) to stumble

справиться с собой (perf.) to control one's feelings

справляться (imperf.) to cope, to manage

спрос demand
сразиться (perf.) to have a fight
срыгнуть (perf.) to burp
стащить (perf.) to steal
стеснительный shy
стесняться (imperf.) to be shy
стоять дыбом (imperf.) to stand on end
стоять на пороге (imperf.) to stand at the threshold
сходить с ума (imperf.) to freak out, to go mad
стрелок shot
судорожно frenetically
суть essence
сухощавый lean
существо creature
сущность essence, concept
съедобный edible
съезд (с трассы) motorway exit
сыт по горло (чем-то) to be fed up with something
сюжет (in journalism) story, storyline

T

тайком in secret, surreptitiously
так называемый the so-called
телесный bodily
теракт (террористический акт) terrorist attack
терзаться (imperf.) to be in anguish
терпение patience
топор axe
трость cane
трубить (imperf.) to make it known, to tout
тупой (colloq.) stupid
тщательно thoroughly

тянуть (imperf.) to pull
тянуть резину (imperf., colloq.) to drag it out

У

убеждение conviction, persuasion
убираться (imperf.) to get out
увенчаться успехом to succeed
увлекаться (imperf.) to get carried away
угодить (perf.) to please somebody
угроза для жизни to be life-threatening
удаваться (imperf.) to succeed
укоризненно (смотреть) to look reproachfully, to give a dirty look
укрытие hiding place
уловка trick, ruse
улизнуть (perf.) to run away, to escape
ума не приложить (colloq.) to have no clue
умолчание omission, silence
уничтоженный destroyed
упорство persistence
урод freak
усмехнуться (perf.) to grin, to smile
уставиться (perf.) to stare
устраивать сцены (imperf., colloq.) to make a scene, to kick up a quarrel
устрашающе threateningly
участливо with compassion, kindly
уши были заложены ears were blocked

Ф

фойе lobby of a large building
фыркать (perf.) to grunt

Х

хваткий quick, sharp
хижина hut
хирургическим путем surgically
хлюпанье squish
хмыкнуть (perf.) to snort
хозяйка (=владелица) owner
хоть отбавляй (colloq.) plenty
худший расклад the worst case

Ц

цел и невредим intact

Ч

час пик peak hour, rush hour
череп skull
четвереньки (на четвереньках) on all fours
чеснок garlic
чёртов damned
чихать (imperf.), чихнуть (perf.) to sneeze
чудовище monster

Ш

швырнуть (perf.) to hurl
шрам scar
штраф fine
шутки плохи (colloq.) not to be messed with

Э

эвакуироваться (both perf. and imperf.) to get out, to be evacuated

электрик electrician
электрощит electric cabinet

Я
яблоку негде упасть (idiom) packed, full
явиться (imperf.) to attend (a meeting)
яд poison
ящик box
ящик для противопожарного оборудования fire
  box

Acknowledgements

If my strength is in the ideas, my weakness is in the execution. I owe a huge debt of gratitude to the many people who have helped me take these books past the finish line.

Firstly, I'm grateful to Aitor, Matt, Connie, Angela and Maria for their contributions to the books in their original incarnation. To Richard and Alex for their support in expanding the series into new languages.

Secondly, to the thousands of supporters of my website and podcast, *I Will Teach You A Language,* who have not only purchased books but who have also provided helpful feedback and inspired me to continue.

More recently, to Sarah, the Publishing Director for the *Teach Yourself* series, for her vision for this collaboration and unwavering positivity in bringing the project to fruition.

To Rebecca, almost certainly the best editor in the world, for bringing a staggering level of expertise and good humour to the project, and to Nicola, for their work in coordinating publication behind the scenes.

My thanks to James, Dave and Sarah for helping *I Will Teach You A Language* to continue to grow, even when my attention has been elsewhere.

To my parents, for an education that equipped me for such an endeavour.

Lastly, to JJ and EJ. This is for you.

Olly Richards

Notes

Use *Teach Yourself Foreign Language Graded Readers* in the Classroom

The *Teach Yourself Foreign Language Graded Readers* are great for self-study, but they can also be used in the classroom or with a tutor. If you're interested in using these stories with your students, please contact us at learningsolutions@teachyourself.com for discounted educational sales.

Want to easily incorporate extensive reading into your curriculum?

Check out the *Short Stories Teacher's Guide* from readers. teachyourself.com to get ready-made lesson plans, adaptable worksheets, audio, and pre-, during- and post-reading activities.

Bonus Story

As a special thank you for investing in this book, we would like to offer you a bonus story – completely free!

Go to readers.teachyourself.com/redeem and enter **bonus4u** to claim your free Bonus Story. You can then download the story onto the accompanying app.

ТАЙНА ДЕРБЕНТСКОЙ КРЕПОСТИ

Впервые за долгое время в городе происходило что-то необычное. Байсал намеревался сделать всё для того, чтобы «Дербентский курьер» первым осветил эти события.